REDENCIÓN

CÓMO CAMBIAR: UNA PERSPECTIVA SATURADA DEL EVANGELIO

MATT CHANDLER
Y MICHAEL SNETZER

B&H
ESPAÑOL

NASHVILLE, TENNESSEE

B&H Publishing Group
Nashville, Tennessee 37234

Clasificación Decimal Dewey: 234
Clasifíquese: Biblia – Nuevo Testamento – Evangelio / Salvación /
Santificación

Publicado originalmente por B&H Publishing Group con el título *Recovering
Redemption: A Gospel-Saturated Perspective on How to Change* © 2014 por The
Village Church

Traducción al español: Mercedes de la Rosa-Sherman
Tipografía: 2K/DENMARK

ISBN: 978-1-4336-8958-1

Impreso en EE.UU.

1 2 3 4 5 * 19 18 17 16

Dedicatoria

De Matt:

Quisiera dedicar este libro a los cientos de hombres y mujeres de la iglesia The Village Church que han sido liberados de la esclavitud al temor, la vergüenza, las adicciones y la religión moral. Ha sido un gozo para mí verlos luchar sin rendirse y encontrar vitalidad en Cristo, y un aliento para mi continua búsqueda de la redención que solo se encuentra en Jesucristo. Como digo muchas veces, los amo más de lo que ustedes se imaginan.

De Michael:

Deseo dedicar este libro a todos aquellos que cambiaron el canal del evangelio porque pensaron que no era su estilo. A ellos les digo: ¡No cambien de canal!

Contenido

Una versión nueva de una vieja canción

Tú lo haces todo el tiempo. Empieza a sonar una canción en la radio y, después de las primeras dos notas, ya has cambiado la estación. Antes de haber escuchado siquiera una palabra, decides que no te gusta. No es tu estilo. No es lo tuyo.

Sin embargo, un día, la escuchas como música de fondo en algún lugar, tal vez en el patio de un restaurante o en la playa, o la escuchas cuando suena en el auto de otra persona durante los 20 segundos de una parada del tránsito y te das cuenta… de que es mejor de lo que pensabas. Descubres con sorpresa que le habla a tu corazón. Sobre todo el mensaje, la letra. Tal vez ese artista se merece más crédito del que tú le has dado. Hasta ahora, siempre la habías cambiado porque como que no pegaba contigo, era como el género equivocado, porque tú no conoces a nadie, ni te relacionas con nadie a quien le guste ese tipo de música. Pero si hubieras sabido adónde podía llevarte, si hubieras sabido lo que el autor de la canción quería que supieras con solo escucharla… y luego, lo que sentirías al cantarla junto con el intérprete…

Ese es el tipo de canción que vamos a tocar aquí para ti.

En realidad, no es una canción nueva: es la canción de la redención, del evangelio. Ha estado sonando durante años. Sin embargo, cuando el mensaje te encuentra en el lugar adecuado, en el momento oportuno, el significado que siempre estuvo presente, de repente puede comenzar a derramarse sobre ti. Incluso si la canción no es nueva para ti en absoluto, aun si se la escuchaste cantar muy a menudo a tantos cantantes, tantas veces que por la repetición ha perdido un poco de su encanto, igual las texturas y sus armonías perfectas todavía pueden surgir de la nada y asombrarte con sus tonalidades, con su belleza.

Entonces, puede cautivarte a ti.

O puede *volver a cautivarte*.

En realidad no importa cuál de las dos.

Porque de todas formas, puede cantarte a ti.

Y de cualquier manera, puede cambiarte.

Tal vez el evangelio fue la música de tu adolescencia, quizás incluso cuando eras aún más joven. La escuchaste, la letra te atrajo, cautivó tus deseos. Te encontró en un lugar especial, profundo. Te identificaste con él. Lo aceptaste. Siempre recordarás la primera vez que lo escuchaste: puedes recordar dónde estabas, qué hacías, con quién estabas, cómo te sentías la primera vez que lo escuchaste *de verdad*, cuando realmente te detuviste a notar lo que tanto te gustaba de él.

O tal vez, para poder apreciarlo, necesitaste ser adulto, o ser padre o madre, o simplemente superar lo que pensabas que tanto te gustaba de aquella música ruidosa que solías escuchar, antes de darte cuenta de que había algo en el evangelio que era real y eterno. Llegó un momento en que *te tocó*. Cambió tu vida.

Y eso es fantástico.

Sin embargo, a menos que nos equivoquemos, es probable que tu vida y el evangelio no siempre hayan estado sincronizados durante mucho tiempo, durante la mayor parte del tiempo desde aquel entonces. Después de la escena emocional, cuando te temblaba la barbilla y tenías en la mano un puñado de pañuelos desechables, cuando sentiste de verdad el peso de tu propio pecado y la convicción del Espíritu, se te ha hecho difícil disfrutar y experimentar de manera constante lo que Dios hizo para remediar esa situación perjudicial. Aun en esas repetidas ocasiones en que has caído y te has sentido agotado y has resuelto mejorar, por lo general, solo has podido quedarte quieto por un corto tiempo, tratando de controlarte por pura determinación y un sacrificio brutal (y esperas que Dios lo note y te lo agregue a tu cuenta). Pero, admitirás que no es exactamente una sensación de libertad y victoria. Y cada vez que las cosas vuelven a descontrolarse, como sucede a menudo, sientes como si fuera la misma condenación de antes.

Te sientes devastado porque no logras descifrar el enigma de todo esto, ¿verdad?

Estabas bastante seguro de que ser cristiano te cambiaría, y lo hizo. Algunos cambios. Sin embargo, ¡todavía queda tanto por cambiar! Hay que hacer cambios drásticos todos los días, en tus hábitos, en tus rutinas, en tus preferencias y decisiones; cambios en las cosas que nunca dejaste de despreciar acerca de ti mismo, cambios en lo que haces y en lo que no haces… y en lo que no quieres *hacer nunca más*.

Cambios en tu manera de pensar, en tu manera de lidiar con las cosas, en tu manera de desechar la culpa y la vergüenza cuando has vuelto a meter la pata. La manera en que vences esas viejas respuestas detonantes que siguen haciéndote reaccionar mal, muy a tu pesar, aunque no dejas de decirte a ti mismo que vas a tener sumo cuidado, pues sabes lo predecibles que son.

Cambios en tus relaciones más cercanas, cambios en tus hábitos de trabajo, cambios que no han sucedido antes; la clase de cambios que, si de verdad pudieras lograr, tal vez podrían acumularse, crees tú, y te ayudarían a avanzar, a alimentar un impulso nuevo en ti y mantenerte en la dirección correcta.

No obstante (detennos si has escuchado esto antes)…

Apenas cambias, si es que algo llegas a cambiar.

¡Vamos! ¿No deberías estar más transformado ya?

Este es el punto en que lo que siempre has pensado sobre Dios o esperado de Él, ya no encaja con lo que sientes; cuando comienzas a crear tus *propias* versiones del evangelio uniendo cosas que has escuchado, creído y experimentado: algunas del pasado, algunas del presente. Grabas nuevas canciones con sabor a evangelio pero, es triste decirlo, no siempre con mucha verdad del evangelio.

Por ejemplo, fíjate si esto te suena conocido…

Comienzas con mucha fuerza. Eres audaz, confiado y automotivado. Cristo te ama, murió por ti, te ha perdonado. Bien. Esto resulta prometedor. Te encanta.

Luego empiezas a sentirte forzado. Aceleras el ritmo, te esfuerzas demasiado. En lugar de dejar que la música venga a *ti*, en vez de disfrutar la trayectoria, agradecido por el privilegio de haber sido invitado a la banda… tú fuerzas las cosas. Piensas demasiado en ellas, las analizas más de la cuenta. Tocas las notas correctas la mayor parte del tiempo, pero perdiste la esencia, la maravilla, el puro placer de simplemente tocar, de estar juntos.

Y al poco tiempo, la experiencia se ha vuelto de verdad desagradable, insatisfactoria, tanto para ti como para todo el que observa y escucha. Te preguntas por qué pones tanto esfuerzo en esto cuando lo que te produce es frustración e infelicidad. Parece que tratar de ser bueno es demasiado trabajo para lo que recibes a cambio. Al mismo tiempo, *no* tratar de ser bueno te cuesta perder demasiada afirmación y reputación, que a ti te gusta. Incluso te hace sentir peor contigo mismo. Entonces, decides que vas a mejorar aun si en ello pierdes la vida, aunque tengas que tocar tu parte y también la de los demás. Vas a trabajar con más ahínco para hacer una mejor música. Pero al final, lo único que logras es convertir lo que antes era una pasión en actuación, en una oportunidad de crecimiento personal y en obtener un margen de ganancia. Siempre estás persiguiendo algo, haciendo planes para mejorar. Y aun así, nunca te sientes tan bien como deseas. Porque *tú* nunca eres tan bueno como deseas. No llegas a ser tan musical como quisieras, como siempre lo soñaste.

Esta versión podría llamarse la versión *descubierta*, donde sea lo que fuere que Dios hizo para convencerte de que te amaba y se deleitaba en ti, que perdonó tus pecados con entusiasmo y te dio la bienvenida a Su familia, ahora nunca te podrá persuadir de que no tienes que ganártelo. Es por eso que te esfuerzas tanto, ¿verdad? ¿Para mantener a Dios contento contigo? ¿Para ganar puntos con Él? ¿Para cubrir lo que Su gracia no abarcó la primera vez? Y aun así, incluso con todo eso, tú no pareces capaz de hacerlo, no pareces capaz de efectuar los pagos de tu póliza de aprobación.

Sin embargo, ese no es el evangelio. Nunca lo ha sido.

Ni tampoco es esto…

Aquel momento en el que tu vida se vuelve completamente insulsa. Perdiste la agudeza, has perdido tu lugar. Haces cosas que los buenos cristianos no hacen, cosas que muchas veces tú no quieres hacer, a pesar de que las sigues haciendo y vuelves a ellas. Entonces, ¿cuál es este? ¿Es el que quieres o no? Es difícil saberlo. A veces regresas al coro, te mantienes firme durante un tiempo, pero entonces, te descubres a ti mismo volviendo a sacar tus viejos libros de música, te sales de la partitura y terminas desentonando.

Te has vuelto un desastre. Detestas tu estado, es lamentable. Usaste tu segunda oportunidad (tercera oportunidad, cuarta oportunidad, oportunidad número 400) y lo echaste todo a perder, una y otra vez. Es posible que Dios haya estado dispuesto a salvarte al principio, antes de que en realidad llegara a conocerte. Pero después de la clase de desempeño que tuviste últimamente...

Es decir, si alguien de la iglesia o de tu familia supiera lo que de verdad hay en tu interior...

¿Cómo puede Dios amar a un cantante tan terrible?

Llamemos a esto la versión del temor a ser *descubierto*, donde pones tu fe en un Dios que rescata a los perdidos de sus pecados, pero una vez que esos perdidos se convierten en *Su* pueblo (y una vez que hacen el tipo de cosas que tú has hecho), a Él podría quedarle o no quedarle mucho rescate disponible.

Y eso tampoco es el evangelio.

Lo mismo se puede decir de la popularísima versión *encubierta* en la cual el cristianismo se ve solo como algo privado, como una convicción personal, algo que probablemente de vez en cuando uno escucha en las bocinas de la casa o por los audífonos mientras trota, pero nunca en público, nunca donde la gente pueda verte.

Existen también otras versiones, *muchas* otras, que son variaciones del mismo tema. Se sienten como lo que pensamos que Dios sentiría si fuéramos Dios. Suenan como lo que nosotros escuchamos a veces en nuestra cabeza, como si pudiéramos confiar en nosotros mismos para conocer más verdad de lo que Él conoce, para ser mejores intérpretes de Su Palabra de lo que Él es.

Si cantaste y creíste en esa clase de farsas, en esas imitaciones baratas (y créenos, son pocas las personas que no lo han hecho), es posible que necesites oír una versión con un enfoque fresco del evangelio. Es lo que todos necesitamos oír repetidas veces.

El amor soberano de Dios es mayor que nosotros mismos y mayor que todo.

Nuestra total incapacidad de transformarnos a nosotros mismos, ni antes ni ahora, ni nunca.

La confianza de saber con toda certeza que hemos sido restaurados en Cristo, mientras experimentamos Su obra activa de restauración día a día.

Viviendo como hijos y no como esclavos.

Crecer en la gracia y no para obtener las más altas calificaciones.

Hemos orado para que Dios traiga muchas bendiciones a tu vida a medida que avanzamos, también oramos por un gozo nuevo y una libertad como la que nunca experimentaste antes. La aceptación plena en Cristo. Un deseo renovado de servirle. Perdón constante para personas inevitablemente caídas.

Y cambio… un verdadero cambio.

Ese es el resultado de *una redención recuperada*.

Reiteramos: no sabemos cuál haya sido tu relación con el evangelio hasta ahora. Tal vez tengas que admitir, con total honestidad, que nunca creíste. Te sientes intrigado como para echar un vistazo, pero todavía no entiendes por qué la gente cree que es tan maravilloso. No es más que otra canción, como muchas otras canciones religiosas. Es buena en pequeñas dosis, pero a veces suena estridente y hasta medio anticuada. Tal vez te llegue a gustar algún día, pero nunca te ha impresionado demasiado, ni tampoco la gente que la canta (¡sobre todo esa gente!).

Queremos que sepas que este libro es para ti. Sea cual fuere la razón por la que llegaste aquí, nos alegramos de que Dios te haya traído. Ya sea que sepas y recuerdes bien cómo te alcanzó con Su gracia, aunque has admitido que tu práctica de la fe estuvo lejos de la perfección... o que no tienes mucha certeza en este momento, incluso te sientes un poco escéptico cuando se trata de la Biblia y el evangelio. Tenemos mucho que reflexionar juntos, abriendo nuestro corazón para ver con claridad no solo las tragedias de nuestro pecado, sino también las glorias de Su gracia redentora en toda su belleza.

Para algunos será refrescante.

Para otros, revelador.

Para todos, redención.

Capítulo 1

Lo bueno se vuelve malo

Génesis, la creación y la caída

 Este mundo está dañado.
Muy dañado.

Pregúntale a un oficial de libertad condicional, a un trabajador social, a un padre adoptivo o a un oncólogo. Las profesiones de algunas personas los mantienen en la línea de fuego, donde ven lo malo de nuestra sociedad y de la existencia humana casi todos los días. Ven a los depredadores sexuales que buscan en Internet sexo con niñas de nueve años. Ven adolescentes que se cortan líneas delgadas de piel del antebrazo. Ven hematomas y matrimonios destrozados. Escuchan a muchos mentirosos descarados. Sangre, vísceras, muerte, enfermedad. Es terrible.

Y en el caso de que no conozcas a muchas personas que desempeñan profesiones como esas, solo tienes que preguntarle a un pastor porque, aparte de los policías, los bomberos y los paramédicos, a menudo nosotros somos los primeros en llegar al lugar de las emergencias y a otros momentos de pérdida personal. Hemos estado en hogares donde la tristeza es tan intensa, donde el dolor que se percibe es tan fuerte que todo lo que una persona puede hacer es sentarse a su lado y abrazarlos, llorar con ellos y esperar que pase pronto.

Lo hemos visto y (en el caso de Michael) hemos experimentado en persona las oscuras realidades de las adicciones a la metanfetamina, los accidentes de tránsito, las celdas de la cárcel... toda clase de estilos de vida indeseables y experiencias cercanas a la muerte. Hemos aconsejado a hombres que perdieron su trabajo, adolescentes que perdieron la virginidad, familias que han perdido casi todo lo que tenían, incluso a personas que en verdad no saben de dónde vendrá su próxima comida, ni dónde van a pasar la noche.

¿De cuánto tiempo dispones? Podríamos pasar el día hablando de esto.

Y cuando las cosas no se derrumban frente a *algunos* de nosotros, se derrumban frente a *todos* nosotros: otro tiroteo en una escuela, un niño desaparecido, otra destrucción por un tornado o un ataque terrorista. Si nos encontramos a una distancia prudente, tendemos a seguir adelante en uno o dos días, después de que los camarógrafos de la televisión guardan sus equipos y se van del lugar del desastre. Pero cada vez que vuelve a afectarnos, y siempre vuelve y siempre volverá, recordamos cuán cerca están, en realidad, las próximas olas de tristeza y desesperación. Tan cerca como las noticias de último minuto, una llamada telefónica o una sensación de dolor en el costado.

Sin embargo, a veces no es lo inesperado y extremo lo que nos muestra cuán descompuesto está el mundo, sino más bien lo que podríamos describir como una punzada ligera en lo profundo de nuestro ser: la incapacidad de estar satisfecho por completo con cualquier acontecimiento o experiencia que nos suceda. Los fines de semana y las vacaciones son fantásticos, pero nunca lo suficientemente largos. Los conciertos de música en vivo son muy divertidos y nos transportan a otro lugar, pero se terminan y se van a la próxima ciudad para el próximo espectáculo. Las victorias inesperadas de los equipos deportivos en el último minuto de juego son muy emocionantes. Vítores, saltos y choque de puños. Pero luego el estadio se vacía, los comentaristas salen del aire y, para cuando termina el día, nos encontramos en casa preparando el almuerzo para llevar al trabajo el día siguiente.

Aun si eres una persona optimista, que ve el vaso medio lleno (en vez de medio vacío), la realidad es que tienes un límite al que el agua de la expectativa puede llegar. Lo que te permite seguir viviendo en la realidad.

Nuestros días siempre estarán algo condenados por las limitaciones de nuestra propia energía, por las intromisiones fortuitas de la dificultad y el conflicto. Nos veremos obligados a lidiar con compromisos que no deseamos, consecuencias remanentes de errores pasados, desequilibrios en las agendas semanales. Nunca podremos deshacernos de todo barco de guerra espiritual que amenaza con hundirnos y hacernos volar en pedazos. Y a pesar de que intentamos no mirar, no podemos impedir que todos los días sean arrastrados a las orillas las agujas de las drogas y los cadáveres con los titulares de la mañana, incluso si nos tapamos los oídos con los chirridos de los juegos de nuestros niños preescolares y las canciones del iPod.

Lo que es todavía *más* perturbador y desalentador es que vamos a contaminar las cosas aún más con nuestra propia mugre putrefacta de pecados y malos hábitos, algunos de los cuales hemos permitido que se balanceen con el oleaje que nos rodea durante años y años. Por supuesto, hemos intentado dragar el lago de vez en cuando porque nos sentimos muy asqueados con nosotros mismos y hemos hecho lo mejor que podemos para limpiar lo que habíamos dejado que se incrustara debajo. Pero el agua fresca nunca parece mantenerse fresca por mucho tiempo. La contaminamos con una cosa o con otra. En resumidas cuentas, cuando no vivimos en constante peligro, parece que lidiamos con un desencanto permanente con nosotros mismos, con los demás o simplemente con un desencanto generalizado.

Y claro, pensamos que no tiene que ser así.

Seguro que la vida es más que esto.

Bueno, dejémoslo aquí, porque lo que queremos que percibas en esa misma afirmación, en ese sentimiento, es cómo ese deseo en tu mente por algo más y mejor no es la divagación deprimida que se produce a consecuencia del mal humor, sino que es un invento provocado por Dios mismo. Proviene directamente de nuestro Creador. Esa perspectiva desalentadora de las cosas es, en realidad, un regalo de Aquel que te creó. Si quieres, puedes intentar apagarlo con pastillas para dormir y con dramas policiales, pero estarás apagando un fuego que se supone que *debería* arder dentro de ti. Porque si observas este mundo y te observas a ti mismo y estás convencido de que ni lo uno ni lo otro es lo que debería ser, entonces estás recibiendo una porción importante de malas noticias.

Y esta es la razón por la que tienes que prestarle atención a esto.

Para que las buenas noticias sean buenas, como es bueno el evangelio (literalmente quiere decir «buenas noticias»), estas tienen que invadir espacios malos. Por ejemplo, cuando tú recibes un buen resultado de un conjunto de análisis de laboratorio que te ordenó tu médico, esas son *buenas noticias* ¿verdad? Son incluso mejores si tal vez te estuviste preparando para lo peor. Si le pides a alguien que se case contigo y esa persona dice: «Sí, sí quiero pasar el resto de mi vida contigo», esas son *buenas noticias* también, ya que seguramente la respuesta alternativa hubiera arruinado el resto del fin de semana.

Las partes malas de lo que vemos y sentimos a nuestro alrededor tienen el propósito, en la misión de Dios, de volver a crear algo que se ha perdido y destruido. Nos recuerdan siempre las realidades que preferiríamos olvidar pronto y, al mismo tiempo, Él las usa como estímulos para llevarnos a un universo aun más pleno de verdad. Las malas noticias son el fondo contra el que brillan las buenas nuevas.

Entonces, hágase la oscuridad.

Y hágase la luz.

En el principio

Génesis 1.

Dios creó.

Y era bueno.

El Dios trino del universo —Padre, Hijo y Espíritu— habiendo existido por siempre en perfecto contentamiento el uno con el otro, rebozó de amor y cariño sobre el lienzo de la creación y creó todo lo que ha existido desde entonces.

No *necesitaba* hacerlo. No te necesitaba a ti. Dios no estaba cansado de estar aburrido ni se preguntaba qué no daría para encontrar a alguien nuevo con quien conversar y pasar el tiempo. No era eso para nada. Por el contrario, el magnífico Tres en Uno, en celebración de Su plenitud y perfecta comunión, se deleitó Él mismo/Ellos mismos al pronunciar las poderosas palabras que lograron la creación de todas las cosas.

Y era… bueno.

¡Qué sutileza!

El acto mismo de la creación se lee en el idioma original del Antiguo Testamento con una cadencia vibrante, casi como un ritmo musical: Dios creó, Dios creó, Dios creó, y era bueno. La hermosa armonía que reflejaba la perfecta unión dentro de la Trinidad vino a entrelazarse a través de los sistemas de estrellas y las muestras de suelo, desde las cosas más enormes y montañosas hasta las más microscópicas y misteriosas, y se consolidó en un cosmos que resultó ser espectacular, no solo por su tamaño y belleza, sus grandiosos colores y coherencia cooperativa, sino por una calidad tangible que lo impregnaba de manera visible.

Paz.

Su mundo estaba en perfecta paz.

Y entonces, en la partitura de la creación, Dios incluyó un descanso muy oportuno, una pausa intencional. No *detuvo* la música, sino que la resaltó silenciando la belleza de lo que tocaba, poniendo espacio entre las notas y dando claridad a la obra completa.

Perfecta paz, perfecta armonía.

Trata de imaginarlo. Aquí, en este planeta azul. El mismo en el que tal vez te quitas los zapatos después del trabajo, abres el refrigerador y sacas algo de comer y beber para la cena. En el que te despiertas adolorido después de una intensa rutina en el gimnasio y te sientes más viejo que nunca, quejándote cuando te levantas de la cama por un dolor muscular que entumece tu cuerpo. Aquel donde la lujuria sexual se pasea por tu mente cuando juras que solo te detuviste a llenar el tanque en la gasolinera. El mismo en el que tus hijos necesitan ortodoncia *y* anteojos en el mismo año, precisamente el año en que tu compañía dejó de dar aumentos por el costo de la vida, producto de los recortes presupuestarios.

«¿Tiene que ser así? La vida tiene que ser más que esto». Pero quiero que sepas lo siguiente: hubo una época en la que el primer hombre y la primera mujer nunca contemplaron tal abstracción. No había nada en su mundo que estuviera muerto o se estuviera muriendo. No había nada siniestro ni inseguro. No había averías, tardanzas, ni nada que fuera demasiado costoso o difícil de hacer. Dios era perfecto, la creación era perfecta, ellos eran perfectos, *todo* era perfecto. La vida estaba allí para ser vivida en una libertad intacta y en una comunión libre de vergüenza entre la humanidad y Dios. ¿Qué más? ¿Por qué no?

Así era. Así la creó Él.

El hombre y la mujer originales necesitaban a Dios, sí. Pero no porque hubieran caído o fueran pecadores. Necesitaban a Dios sencillamente porque eran humanos. Él nos creó desde el principio mismo para vivir una relación de amor y dependencia de Él.

¿Entiendes? Ese era el plan.

Muchas veces, cuando comenzamos a pensar en Dios y en la redención —sobre todo como creyentes que todavía experimentamos problemas con nosotros mismos— nos enfocamos en nuestra depravación, en las cosas dentro de nosotros que necesitan cambio y recuperación. Nos concentramos en lo malos que somos, lo cual es cierto. La Biblia dice: «Más engañoso que todo, es el corazón, y sin remedio…» (Jer. 17:9). No vamos a esquivar esa doctrina ni por un segundo. Nacemos malos. Sin embargo, ese trocito clave de teología bíblica solo se puede considerar «fundamental» en el contexto apropiado… porque en el principio, la humanidad no era depravada ni estaba empobrecida. El pecado no estaba presente, ni siquiera el séptimo día. La Palabra de Dios comienza donde tiene que comenzar nuestra comprensión del evangelio: en medio de las glorias impecables de la creación.

El firmamento, el mar, el aire, el agua, las semillas, las plantas, el jardín, los alimentos, las aves, los animales, la belleza, la confianza, Dios, la humanidad.

La paz.

Siempre que experimentamos la ausencia de paz —siempre que nuestro anhelo insatisfecho de gozo se expresa en forma de ansiedad, depresión, temor, ira, esclavitud a cualquier tipo de conducta pecaminosa o adicciones—, el vacío que sentimos y tratamos de llenar está ahí porque nuestra relación con Dios no es lo que, por Su amante elección, debió ser siempre. Nuestra angustia viene de las implicaciones subyacentes de Eclesiastés 3:11, donde la Escritura dice que Dios «ha puesto la eternidad en sus corazones».

En otras palabras, nuestras almas tienen un vago recuerdo de Génesis 1 y 2. Lo extrañamos y lo anhelamos. El deseo de relacionarnos en auténtica transparencia y apertura con Dios, tal como lo hicimos en el huerto del Edén, es lo que provoca esas sombras oscuras de decepción que se alargan detrás de todo lo que tocamos, probamos, intentamos y emprendemos, en esos esfuerzos desesperados por lograr recuperarlo.

Aquello por lo que «gemimos», ya sea que nos demos cuenta o no, junto con el resto de nuestro mundo caído, es el ideal del Génesis, la «revelación de los hijos de Dios» viviendo en paz, perfección y en pura armonía con nuestro Creador (Rom. 8:19). Deseamos la creación restaurada. Queremos que la vida sea lo que sabemos que puede ser... y la queremos para ayer. De ahí viene la irritante insatisfacción de nuestro corazón. No somos lo que *deberíamos* ser. No somos lo que *anhelamos* ser. No somos lo que de verdad era la humanidad en el principio con Dios.

No obstante, tenemos que comenzar «en el principio»… porque siempre será difícil entender nuestra disfunción a menos que comprendamos lo que significa funcionar. No podremos explicar nuestros caos y desórdenes sin ver lo que es el verdadero orden con Dios. Jamás podremos comprender el alcance de nuestra depravación hasta que no reconozcamos las excelencias de la dignidad con la que fuimos creados.

Y eso es lo que Dios escogió redimir para nosotros.

Por medio de Su gracia.

Por medio del evangelio.

De manera que siéntate ahí un segundo y contémplala. Al volver a Génesis 1, date cuenta de que Dios ya nos ha mostrado cómo Él puede tomar algo sin forma, oscuro y vacío (que tal vez es exactamente como te sientes tú ahora) y soplar Su valiosa vida en la más exánime de las situaciones. Y lo hace… bueno.

Esto no lo logra inscribiéndonos en un programa, ni tampoco acorralándonos de repente. Tampoco lo hace de un solo golpe, ni diciéndonos de una manera impersonal e insensible que nos reformemos, que anidemos mejores pensamientos, que optemos por mejores conductas, que canalicemos mejores emociones, que accedamos a los mejores ángulos de nuestra naturaleza. Tan solo lo hace con un acto de Su amante voluntad, introduciéndonos en la relación que necesitamos con Él.

Nos da el poder de hacer cambios, hoy mismo.

Porque lo que no sirve en nosotros, lo que gime por recuperación, no podremos arreglarlo nunca porque escapa a nuestra capacidad de hacerlo. Y desde el mismo momento en que se descompuso, todos los intentos de redimirlo con nuestra propia fuerza están destinados al fracaso. *Necesitamos a Dios.* ¡Ya lo verás!… No solo una vez, no solo para obtener Su aprobación para ir al cielo, sino para siempre. Nunca vamos a dejar de necesitarlo, para todo.

Lo bueno se vuelve malo

Y he aquí que era bueno, muy bueno.

Y se volvió malo, muy malo.

Génesis 1 y 2.

Ahora te presento Génesis 3.

Y oyeron al Señor Dios que se paseaba en el huerto al fresco del día; y el hombre y su mujer se escondieron de la presencia del Señor Dios entre los árboles del huerto (Gén. 3:8).

Es probable que no haya versículo más triste en toda la Escritura. (Léelo otra vez, en caso de que lo hayas leído muy deprisa).

Adán y Eva habían sido puestos dentro de la inmaculada maravilla del Edén, invitados de acuerdo al diseño de Dios a vivir una vida libre de vergüenzas, escondites, temores, secretos, en donde no había necesidad de escabullirse ni de preocuparse por nada. Tenían un trabajo agradable por hacer. Se tenían el uno al otro, sin siquiera una puntada de ropa entre ellos. Tenían abundancia de alimentos para escoger, con una sola y específica exclusión: el único árbol cuyo fruto, si lo comieren, los terminaría matando.

Eso era todo.

Y con solo obedecer aquella regla clarísima, dentro de la abundancia de bendiciones que los rodeaba, estaban listos para una vida de feliz unión, junto con el gozo dichoso que debía brotar de su obediencia a Dios. «Adelante, diviértanse».

Pero aquel árbol, el único árbol prohibido, cada vez se veía mejor y más deseable que todos los otros árboles juntos.

Estamos seguros de que tú ya conoces la historia. La serpiente (Satanás) le deslizó una frase a la mujer, con sutileza: «¿Estás segura de que Dios dijo que no podían comer de ninguno de estos árboles?».

—No, solo de *ese*. Ni siquiera podemos tocarlo, no sea que muramos.

—¡Vamos! Eso no es verdad. Es que Dios ya sabe que si obtienes el conocimiento que viene de ese árbol, vas a ser mejor dios que *Él*. Muchacha, Él te está ocultando algo.

Para ese momento, Adán había llegado dando tropezones de… quién sabe, de ponerle nombre a algún animal o algo así, queriendo saber qué pasaba en esta otra parte del huerto. Pero en vez de intervenir para proteger a su mujer de un evidente mentiroso e intruso, en vez de írsele encima a aquella serpiente con lo que encontrara más a la mano, lo único que hizo fue quedarse allí parado mientras ella enterraba el diente y probaba el primer bocado dulce de la destrucción. Entonces, para que no pareciera que no la apoyaba, se encogió de hombros, le siguió la corriente y también mordió.

¡Increíble!

El próximo sonido que escuchas en el huerto del Edén es el agitado y estridente traqueteo del *shalom*, la paz de Dios, que chilla con un desfase violento en relación con el ritmo y la armonía perfectos de Su creación original. Se ha declarado una rebeldía abierta contra el Rey de gloria. De repente, esas experiencias que conocemos tan bien (culpa, remordimiento, pánico, incredulidad, nerviosismo, culpar a otros, autodesprecio e hipocresía) corrieron por la sangre de

Adán y Eva por primera vez en su vida, como un chorro de agua fría. Ellos corrieron y se escondieron, con la esperanza de que, de alguna manera, se hubieran salido con la suya.

Y así comenzó nuestra histórica obsesión por buscar y coser hojas de higuera, por tapar nuestra desobediencia con la esperanza de que nadie lo note; por hacer todo lo que se nos ocurra para recordar esa canción que aún podemos escuchar levemente en nuestra cabeza, pero no podemos extraer completamente de nuestra memoria de largo plazo. El pecado quebrantó el orden correcto de la creación de Dios. Cambió el lugar donde vivimos. La Biblia resume el daño en dos amplias categorías: *vanidad* y *dolor*.

Vanidad: Pablo dijo que la creación fue «sometida a vanidad» (Rom. 8:20). Esa palabra transmite la idea de estar bajo presión, forzado, confinado, restringido. Lo que una vez había sido pleno e ilimitado, lo que era pan comido, se había convertido en nada menos que esfuerzo y lucha. Todo es un esfuerzo para poder llegar al final del día, de la semana, del mes. Es pesado. Es incómodo. Nos estamos tropezando todo el tiempo. Los proyectos que deberían tomar un par de horas terminan necesitando día y medio, y viajes a la tienda de repuestos para encontrar una pieza que se parezca a aquella que se rompió. Moisés dijo que los días de nuestra vida son «trabajo y pesar» (Sal. 90:10). Es vanidad, dificultad. Y como si todo eso fuera poco...

Dolor: La Biblia se refiere a ese dolor, de manera específica, como el dolor particular de «parto» (Rom. 8:22). Está claro que los varones no podemos identificarnos por completo con esta experiencia como tal vez pueda hacerlo una mujer. Pero ambos hemos estado en la sala de partos en el momento del alumbramiento y lo hemos visto con nuestros propios ojos. Así que no recibirás de parte nuestra un ejemplo más grande que logre superar al anterior. *Es horrible.* Muchísimo peor que cualquier cosa que hayamos podido sentir alguna vez. Si tú eres mamá y has llevado en tu vientre a una personita durante nueve meses, si has respirado y pujado y gritado y sudado y te has preguntado qué pasó con el líquido del suero epidural que te pusieron, oye bien: gozas de nuestro mayor respeto. Nunca podremos compensarte por lo que has hecho. Sin embargo, cuando pienses en ello, en el dolor del parto, en el parto mismo, ten en cuenta que es un resultado directo de lo que el pecado hizo en nuestro mundo. Es un reflejo del dolor que acompaña tantos aspectos de nuestra vida. Comprende, tal vez desde tu propia exposición personal a ese dolor, *que el asunto es serio.*

Lo sabemos al leer los daños colaterales que vemos en 3. Los golpes siguen: caos en las relaciones, dificultades en el trabajo y, por supuesto, lo peor de todo:

La muerte.

«…pues polvo eres, y al polvo volverás» (Gén. 3:19).

De acuerdo con la disfunción de una creación caída, el reino de la muerte está siempre delante de nosotros, en la forma de, al menos, una nubecita de tormenta en el cielo más azul del día más claro. Pues lo que Adán y Eva comenzaron, nosotros lo hemos continuado y no podemos evitar seguirlo: «Por cuanto todos pecaron y no alcanzan la gloria de Dios» (Rom. 3:23). Nosotros nos hemos sumado a ellos en la rebeldía, por nuestra propia voluntad y con gusto. En consecuencia, nuestros cheques proceden del mismo departamento de pagos: «Porque la paga del pecado es muerte…» (Rom. 6:23).

Y por supuesto, esas son malas noticias.

Sin embargo, entre estos espacios de dolor y vanidad, de relaciones turbulentas, dificultad y muerte segura, brilla la única esperanza segura, que contrarresta cada una de ellas con una perseverancia presente y llena de gozo, y con el paraíso restaurado adonde iremos uno de estos días: el lobo recostado junto al cordero, el león que se alimentará de pasto como los bueyes, los desiertos llenos de rosas, vino dulce producido en la cima de las montañas.

Hasta entonces, el anhelo del alma humana creada por Dios hace que reconozcamos la carencia y deseemos que desaparezca, que experimentemos la paz y deseemos que perdure. Pero solo el poder del evangelio puede encontrarnos en un mundo actualmente tan privado de lo que deseamos, y redimir para nosotros lo que Dios mismo proveyó para nuestras vidas. Para Su gloria.

Piezas rotas

Nina estaba en su casa con sus cuatro hijos (todos menores de cinco años, uno de ellos de solo un mes de vida) cuando su esposo la llamó, al final de la tarde, para decirle que no se preocupara por prepararle cena porque él no iba a ir a casa.

— Y, ¿a qué hora vas a venir?

— No, me refiero a que no voy a ir a casa.

— ¿No vas a venir a casa… esta noche?

— No, Nina. No voy a volver a casa… nunca.

El mundo, de repente, ya no está bien. Paz hecha añicos. Armonía arruinada. No es que sus diez años de matrimonio hayan sido perfectos, como la relación entre Ken y Barbie. En algunos aspectos se había vuelto cada vez más difícil, salpicada por el dolor y el desacuerdo, pero nunca hasta el punto en que ella contemplara con seriedad la posibilidad de quedarse con cuatro niños, sin marido, sin apoyo ni respaldo, sin alivio de lo que esos días le pueden hacer a una madre, incluso en la mejor de las situaciones.

No obstante, eso era con lo que Nina tenía que lidiar. Una vida hecha un desastre en un mundo hecho un desastre. Y le tocaba a ella arreglarlo. No tenía a nadie a quien acudir.

Por supuesto, Dios estaba allí. La había salvado cuando ella era una rebelde de 20 años. Ella había puesto todo de su parte para mantener a Dios aplacado con una buena vida, buena asistencia a la iglesia, buena crianza de los hijos... Pero, ¡Señor!, ella hacía cuanto podía. Y ahora se veía obligada a duplicar la responsabilidad con la mitad de las fuerzas.

Pero hay que hacerlo por los hijos, ¿verdad? No se puede renunciar. No a ellos. Así que se aprende a vivir con la traición, la fatiga, los desafíos, la autocompasión, las noches largas, las conversaciones extrañas, las preguntas engorrosas. Todo junto. Y se trata de hacer que coincida con el cristianismo, lo cual transforma al «cristianismo» en una cosa más que agregar a la lista de las cosas por hacer, que ya es bastante larga.

Y para Nina, pronto se convierte en demasiado «quehacer».

Una noche se sentó en un culto de adoración lleno de gente. Luchaba con valentía contra las tensiones de su vida al cantar las promesas que no estaba segura de creer y mucho menos tenía la esperanza de merecer. Su esposo la había decepcionado, la vida la había decepcionado, Dios la había decepcionado. Todo estaba increíblemente mal, completamente fuera de tono. Aquella noche, mientras se sentía trastornada por completo, agarró con torpeza un sobre de papel que había en el asiento junto a ella, comenzó a doblarlo y a hacerle un pliegue, y (por la razón que fuera) a romperlo en dos.

A Nina le pareció que escuchaba al Señor decirle: «Rómpelo más, rómpelo en pedacitos».

Esa no era la manera normal en que ella se relacionaba con Dios. ¿No estaba en la iglesia? No era posible que estuviera haciendo algo por lo que ella regañaría a su hijo de tres años. Pero ya fuera por obediencia a la respuesta de lo que escuchaba de Dios en su espíritu o por la pura agitación que convulsionaba su corazón, comenzó a doblar aquel sobre en silencio una y otra vez, primero en cuatro, luego en ocho, luego en dieciséis, haciendo rollitos delgados de papel. Luego los rompió en hilos incluso más delgados, docenas, cientos de hilos.

Entonces percibió que Dios le dijo:

—Ahora, ármalos otra vez.

—No es posible ponerlos juntos de nuevo.

—Pero eso es lo que estás tratando de hacer, Nina. ¿No es cierto? Estás tratando de rearmarte a ti misma, tu vida y tu mundo. Y no es posible, no sin Mí.

Nina tomó en la mano lo que quedaba del sobre original, que ahora era como del tamaño de un pétalo en su mano, reconociendo que aquella bolita de imposibilidades representaba el caos en que su vida se había empezado a convertir. En una deliberada confesión de fe básica, abrió las palmas de las manos, con los codos extendidos, y elevó despacio al Señor aquel recipiente de quebrantamiento en un acto de rendición.

Dios tenía razón. Ella no podía hacerlo. Solo Él podía entender y arreglar aquel desastre.

Y lo ha hecho. Él lo hace.

Porque esa es la forma en que espera que vivamos las repercusiones de cuando lo bueno se vuelve malo, y entonces se hace fantástico por la introducción del evangelio en nuestro mundo y en nuestra vida. Cedemos, nos rendimos, no tratamos de forzar las reparaciones. No seguimos preocupados y temerosos, ni tampoco amargados y con malas actitudes, ni en intentos tenaces de ganar el favor de Dios con la esperanza de recuperar el alivio de Sus bendiciones. No, con valentía elevamos nuestros puñados de piezas rotas (polvo eres y al polvo volverás), seguros por fe de que el mismo evangelio que nos llevó a Él para salvación, también nos va a seguir salvando en lo sucesivo de lo que nuestro mundo y los demás, e incluso nosotros mismos, hemos hecho para destruir lo que Dios redimió. Nos enfrentamos a los desafíos de hoy y a nuestra propia sensación de vacuidad con la misma impotencia y dependencia de Cristo que dice: «no puedo hacerlo». La misma con que aceptamos por primera vez el perdón eterno de nuestros pecados.

De lo contrario, estamos simplemente haciendo lo mismo de siempre.

Capítulo 2

Intento de redención

Una obra teatral moral en cuatro actos

Es evidente que hay personas que no quieren saber nada con Dios, Jesucristo, la Biblia, la religión, la iglesia, el cambio, el paquete completo. El evangelio puede significar «buenas nuevas» por definición, en términos del predicador, pero no por lo que dice el diccionario de sus hogares. Ellos tienen su forma de lidiar con la vida y Dios no es una de ellas.

A pesar de todo engaño en contra, la conclusión del capítulo que acabas de leer es que aunque las buenas nuevas del evangelio no son *recibidas* por todo el mundo, las *malas* noticias del evangelio sí *afectan* a todo el mundo. Entonces, incluso si una persona no estuviera dispuesta a admitirlo nunca ante nadie de manera directa, igual nadie se escapa de la sensación universal e interna de insatisfacción y decepción que todos experimentamos con respecto a la vida aquí en la tierra: quizás no todos los días, pero sí a menudo, de forma tan intensa y tantas veces como para que todos sintamos la urgencia de hacer algo al respecto, de lidiar con ello, de hacer que desaparezca.

Queremos arreglarlo. Somos mecánicos.

Es así como intentamos cambiar la dinámica y como tratamos de crear nuestra propia redención.

Presta atención. No estamos juzgando a nadie aquí porque todos lo hicimos y seguimos haciéndolo. A pesar de que el evangelio de Cristo, recibido por fe, elimina toda nuestra necesidad de mantener al alcance de la mano nuestro kit de reparaciones, el hecho es que todavía tenemos guardadas herramientas que sacamos una que otra vez cuando las cosas no marchan como quisiéramos. Algunas de ellas solo las usamos si es necesario, de vez en cuando. Pero hay otras que se han convertido en parte de nuestra rutina: nuestro *modus operandi* o plan de mantenimiento.

No obstante, el único cambio o resultado que nuestras herramientas producen —el único cambio que *pueden* producir—, es un cambio para empeorar las cosas. Lo que veremos en las cuatro cajas de herramientas que estamos a punto de abrir es que, por mucho que dependamos de ellas o que acudamos a ellas para encontrar el apoyo que nos dan y las reparaciones rápidas que a veces ofrecen, a la larga terminan secándose y dejando de funcionar.

Son inútiles intentos de redención.

¡Que Dios nos ayude si pensamos que alguna vez serán algo más!

1. Nosotros

Basándonos en nuestros antecedentes deficientes se hace difícil de creer, pero nos hemos convencido a nosotros mismos de que la cura para nuestros males es una creación bien engrasada de una mejor versión de nosotros mismos. En algún lugar de nuestra cabeza hay una futura persona con nuestra misma afeitadora y cepillo de dientes quien, una vez él o ella aparezca —la encarnación de la disciplina y la perfección—, esa persona va a voltear todo nuestro mundo patas arriba.

Una preguntita diagnóstica para ti: tú pensaste hace diez años que esa persona estaría aquí hoy, ¿verdad? ¿No es cierto? (Ligera pausa para lograr un efecto, en espera de tu respuesta silente). Sí, eso fue lo que pensamos. Y bien, ¿te preguntas qué pasó con esa persona? Si esa nueva imagen no es lo que tú has podido llegar a ser hoy, después de todo ese tiempo, ¿qué te hace pensar que te vas a convertir en esa persona mañana por la mañana o en una semana a partir del domingo?

La verdad (¡vamos!, tú ya lo sabes) es que te sería muy difícil encontrar a *alguien* (CUAL-QUIER PER-SO-NA) en el transcurso de tu vida que te haya mentido, combatido, fallado y asqueado más que *tú* mismo. ¿No es cierto? ¿Y esa es la persona con la que tú cuentas para tu rescate? ¿Esa es la persona que te va a explicar todo y va a cambiar las cosas para ti? ¿En serio? ¿Una versión mejorada de ti?

La verdad es que no sabemos lo que decimos.

No importa quién estará bebiendo tu taza de café a los 25, 35, 65 u 85 años, esa persona seguirá siendo una total decepción para ti. Por más que tenga cuerpo de atleta, por más dinero que gane, por mucho que lo hayan ascendido o lo linda que se vea con ese vestidito negro. Esa persona compuesta y atractiva, la que tú te estás tratando de imaginar, todavía no logrará lo que deseas. De eso no tenemos duda.

¿No lo crees?

Entonces, escuchemos tu lógica, tu ingeniosa réplica, si es que tienes alguna prueba en sentido contrario. ¿Alguna vez te has sentido satisfecho(a) con esa persona? ¿Por algún tiempo? ¿Alguna vez te sentiste satisfecho(a) por completo con tu peso, tu figura, la forma como manejas el tiempo, tu éxito con la autonegación? ¿Tus hábitos, tu peinado, tu dedicación, tu nivel de habilidades? ¿Y hubo alguna razón por la que no hayas podido lograr estas cosas tal como las querías, si en realidad las querías?

¿Como si pudieras lograrlo? ¿A tu entera satisfacción?

Somos expertos en engañarnos a nosotros mismos. Estamos tan seguros de que somos la persona que nos hace felices, completos, contentos y confiados. Pero, al mismo tiempo que percibimos la fragancia de nuestros planes de mejoramiento, anunciando con bombos y platillos que esa persona será un mejor dios de lo que Dios es, aplaudimos nuestra independencia y soberanía, y demostramos ser nuestro peor enemigo.

Si esto es así, estamos simplemente locos.

No, de hecho, es peor que una locura. Según la Biblia: «Maldito el varón que confía en el hombre, y pone carne por su brazo, y su corazón se aparta de Jehová». *Maldito.* «Será como la retama en el desierto, y no verá cuando viene el bien, sino que morará en los sequedales en el desierto, en tierra despoblada y deshabitada» (Jer. 17:5-6).

¡Esas son palabras fuertes!

Pero son verdaderas... porque tú sabes muy bien, a partir de muchísimas historias pasadas, que ahí es exactamente adonde nos llevan los programitas de autoayuda: al desierto, a tierra despoblada. Ya estuviste allí, ¿no es cierto? Nosotros también. Despertaste allá demasiadas mañanas, caíste allí durante demasiados viajes a casa. Has sacudido la arena del desierto de casi todos los pares de zapatos y toda la ropa que posees. Mientras sigas buscando en ti mismo tu próxima «mejor solución», nunca terminarás de limpiar el desorden que dejaste atrás. Nunca serás tan bueno(a) como para sentirte satisfecho(a), mucho menos tan bueno(a) como para satisfacer a Dios. Porque no podemos redimirnos a nosotros mismos.

2. Los demás

Tampoco podemos lograrlo a través de otras personas.

Veamos, por ejemplo, la historia de Isabel.

Isabel creció en un hogar cristiano y fue salva a los nueve años. Pero en la escuela secundaria, los temores, las dudas sobre sí misma y las ansiedades de la adolescencia habían comenzado a nublar su perspectiva del amor redentor de Dios y Su aprobación al ser Su hija. Para cuando cumplió los 17, había cambiado su imagen a propósito para atraer la atención de los chicos y satisfacer su propia necesidad de aceptación.

Pero unos cuantos días después de iniciar su último año de secundaria, el chico al que más había logrado atraer con sus ropas nuevas, su apariencia y comportamiento, abusó de ella sexualmente. En lugar de lidiar solo con sus antiguas inseguridades, normales de la juventud, aquellas cosas que ya eran bastante difíciles, ahora su corazón luchaba con nuevas perturbaciones: vergüenza, ira, autodesprecio y otros sentimientos como esos.

Por esa razón, es posible que Isabel no se haya sentido tan atraída al engaño, como lo estamos algunos de nosotros, de que podía convertirse en la persona que lograría satisfacer sus más profundas necesidades. Pero lo que no pudo hacer por sí misma, intentó encontrarlo en los demás. Y antes de terminar la universidad, había encontrado al hombre con el que quería casarse y le dio el sí. *Esto lo va a arreglar todo y me va a arreglar a mí.*

Se necesitaron diez años y, a la larga, una separación, antes de que Isabel se diera cuenta de que nunca se había sanado de su pasado, que había puesto su desesperación por identidad y redención sobre los hombros de su esposo. El matrimonio solo había servido para reforzar la anchura, la altura y la densidad de sus muros emocionales. Y aquel hombre a quien ella amaba (y quien la amaba a ella de verdad) había demostrado que era incapaz de derribarlos. ¿Sentiste eso alguna vez? ¿Desde uno de los ángulos o de ambos lados?

Podríamos contar la misma historia de cientos de maneras distintas con solo cambiar los nombres y los detalles, usando diferentes ejemplos de relaciones (amigos, familia, cónyuges, hijos), sazonando los elementos personales con diferentes tipos particulares de antecedentes e historias. Sin embargo, casi todos los relatos terminarían en el mismo lugar: una persona que busca a otra para llenar lo que le falta en su interior.

Todos los divorcios (y usamos la palabra «todos» con intención deliberada, deducida luego de mucha observación y experiencia), todos los divorcios, en la parte quebrantada de su fundamento, son el resultado de tener una expectativa de la otra persona que es humanamente imposible de alcanzar. Es evidente que en un conflicto conyugal hay más que eso, pero hasta los síntomas pecaminosos como el adulterio, la pornografía y la homosexualidad, son solo las respuestas pervertidas de un hombre o una mujer que percibe que su compañero(a) debería satisfacer todas sus necesidades y se siente obligado(a) a buscarlas por conductos ilícitos, cuando esas necesidades no se satisfacen como él o ella esperan.

Lo mismo se observa cuando los cónyuges se vuelven abusivos, dominantes, autoritarios, controladores. Eso demuestra que no han obtenido lo que desean y se lo exigen a su cónyuge, procurando corregir lo que la otra persona no está haciendo (en su opinión) para completar lo que se espera que sean.

Los matrimonios van a luchar y, con frecuencia, van a fracasar, siempre que hagamos de la persona que lleva puesto nuestro anillo de bodas un dios del que se espera que nos complete. Esa misma lógica se aplica a toda relación que entablemos... por estas mismas simples razones:

Los hombres son dioses terribles.

Las mujeres son diosas terribles.

Los hijos son dioses terribles e impíos.

Amigos, compañeros de trabajo, padres, novios y novias, sin importar quien sea: siempre que busques a otra persona para que llene las grietas y fisuras del corazón, no caminas en dirección hacia la libertad y la sanidad, ni a experimentar la plenitud o la satisfacción, ni tampoco hacia la piscina tibia del gozo y el placer. Por el contrario, navegas derecho hacia los vientos del conflicto y el caos y a redoblados niveles elevados de dolor personal.

La expectativa de que otros pueden, de alguna manera, convertirse en la respuesta a todos nuestros problemas es poner sobre ellos un peso imposible para el que nunca fueron pensados, creados o equipados para llevar. Es hacerles la vida desgraciada a todos.

Detente, por favor.

Porque los demás no pueden redimirnos.

3. El mundo

A veces, algunos días, bajo ciertas circunstancias y estados de ánimo, una copa de helado puede hacer maravillas en el alma. De repente, durante esos diez deliciosos minutos, el mundo no parece tan problemático como antes.

Lo mismo sucede cuando salimos de la casa con una chaqueta o un conjunto nuevo, tal vez un nuevo dispositivo electrónico debajo del brazo, o en esas infrecuentes pero alegres ocasiones en que conducimos a toda marcha un auto nuevo. Hay un breve lapso de tiempo, que pocas veces dura más de una semana y, por lo general, mucho, mucho menos tiempo, cuando dejamos que esas cosas nos convenzan de lo inteligentes y acomodados que somos, cuánto más completos y bien puestos somos de lo que éramos antes de que esos objetos formaran parte de nuestra vida.

La realidad, claro está, es que seguimos siendo la misma persona, solo que con menos dinero en el banco y más deudas por pagar. Pero hasta que esas facturas comiencen a llegar, nadie se dará cuenta a juzgar por nuestra mirada y la cadencia de nuestra marcha. ¡Todo va bien! Nos sentimos mucho mejor.

¿Sabes algo? Es la misma forma ingeniosa en que se va a sentir otra persona un sábado como a las 10:30 de la mañana, dentro de unos cuantos años, cuando salga de tu casa con el mismo reloj, aparato electrónico, chaqueta deportiva o lámpara de escritorio y todo lo demás que estés vendiendo a un mísero precio que te van a hacer rebajar. Las cosas de este mundo, no importa cuán de moda esté el juguete o que se le considere una baratija, en algún momento del ciclo de sus vidas estarán en camino al depósito de chatarra. Esa casa que tú quieres, ese aumento que deseas, esa camioneta o el juego de sala que quieres tener, nada dura para siempre. No pueden hacernos permanecer imperturbables mucho tiempo ante un cambio de estado de ánimo.

Pero trata de decirnos eso a la mayoría de nosotros e igual preferiremos el sentimiento fugaz. Lo preferimos a cambio de la realidad de cualquier día de la semana —lo cual quiere decir que vamos a regresar al pozo defectuoso una y otra vez, necesitando nuestro arreglo, buscando nuestra dosis de azúcar, para que al final nos sintamos tristemente decepcionados por millonésima vez al ver lo rápido que llegamos al fondo del vaso de malteada... y de regreso otra vez al mostrador para pedir más—.

Es lo mismo que el Dr. William Silkworth observó en el ámbito de la adicción y el abuso de alcohol. Al escribir en lo que hoy se conoce como el «Gran libro» de Alcohólicos Anónimos, habló de la gente que se siente irritable e inquieta, desconectada, descontenta. Entonces ven a otras personas que parecen encontrar una sensación de alivio y aceptación de sí mismas al beber de manera desinhibida y sin sentimiento de culpa. Al poco tiempo lo prueban, con el propósito de satisfacer esas ansias de cubrir el vacío interno y luego se encuentran en un desgraciado ciclo de locura, volviendo una y otra vez a lo que les calma el descontento solo por un momento.

Elije tu veneno, se trata del mismo deseo.

El problema de esas búsquedas terrenales (y lo vamos a ver con más detalles en el próximo capítulo) no consiste en que la actividad que disfrutamos (ya sea la comida, el sexo, las compras o lo que sea) esté infundida de una inmoralidad innata. Por el contrario, la comida y el sexo, así como el disfrute de las cosas materiales, forman parte de lo que Dios creó para nuestro placer y uso.

Pero cuando compramos cosas con dinero que no tenemos, porque somos codiciosos, por lo que nos hacen sentir...

O cuando comemos algo que no es sano porque nos sentimos solos y molestos y la comida nos va a calmar...

O cuando nos morimos por tener relaciones sexuales porque nuestro nivel de confianza y aprobación está muy bajo y nos sentimos nerviosos por nuestra propia inseguridad...

Todos esos ejemplos nos muestran que estamos usando dones de Dios como si ellos fueran dioses en sí mismos. Los perseguimos más allá de los límites debidos y beneficiosos dentro de los cuales Dios nos diseñó para que los disfrutáramos y decidimos, más bien, que esos objetos y actividades por sí mismos pueden satisfacernos. Elevamos las cosas creadas por encima de su Creador.

Y a pesar de que nos fallan por completo con la misma facilidad con que nos fallamos a nosotros mismos, a pesar de que demuestran ser tan incapaces de satisfacernos como todas las demás personas en nuestra vida, seguimos procurándolos, como tontos insistentes, esperando por completo que la próxima vez que recibamos lo que sea que nos ofrecen, será la vez en que por fin encontraremos satisfacción y los buenos sentimientos por fin se quedarán para siempre. Con la precisión de un reloj, nos quemamos una y otra vez con nuestro abuso del alcohol, la lujuria, los dulces o la tarjeta de crédito. Cualquier deseo en particular es así de poderoso y predecible para engañarnos. Acudimos a cosas que siempre nos han decepcionado en el pasado, pues pensamos que lo que necesitamos más que nada en el mundo es *más* de ello, más de lo mismo que nunca antes ha podido satisfacernos.

Esa es la invitación del mundo para ti y es una locura.

Porque el mundo no tiene lo que se necesita para redimirnos.

4. La religión

Permítenos decirte, sobre todo si tú todavía sientes algo de escepticismo hacia el evangelio, que tampoco nos ponemos a nosotros mismos ni a nuestros caminos «religiosos» por encima de todo escrutinio. Los intentos religiosos de redención son igual de fútiles y necios que aquellos con los que uno trata de resolver sus problemas con una versión mejorada de *uno mismo*.

De hecho, cuando uno trata de inclinar la balanza para ganar el favor de Dios al hacer todas las cosas estándares que creemos que caracterizan a un buen cristiano, ¿no estamos presentando una versión 2.0 de la número 1, «redimiéndonos a nosotros mismos», con la única diferencia de que la vestimos con ropa de domingo, túnica de coro y la cantamos con la tonada de una banda de adoración?

A propósito, vamos a aclarar las cosas sobre el tema de las «balanzas» de una vez por todas. No sé si para ti esto será una buena noticia o una sorpresa, pero esas balanzas que tratamos de inclinar a nuestro favor, las balanzas que Dios usa para medir cómo nos desempeñamos, las balanzas que indican si Él está contento con nosotros o no...

Esas balanzas no existen. *No hay* balanzas. O bien tú estás completamente justificado por la sangre de Jesucristo o no estás justificado en absoluto. Es así de sencillo.

Hay cientos, por no decir miles de razones por las que vivir de la manera en que nos enseña y nos describe la Palabra de Dios es la forma inteligente y sana de vivir. Temer y adorar a Dios con nuestra gratitud y obediencia es algo hermoso que trae consigo toda clase de bendiciones del Padre. Pero hacerlo para llamar la atención de Dios o para ganarnos Su favor no es ni siquiera *una* de esas razones. Ni siquiera es el interruptor para *una* de esas bendiciones. Esforzarnos para estar en Su lista de honor mediante nuestras buenas calificaciones es tan absurdo como intentar nuestra realización exigiéndola a los demás o esperándola del mundo.

La religión no funciona.

Así como tampoco ninguna de las otras tres formas anteriores.

Tratar de ganar el favor de Dios *no da resultado*.

No obstante, sucede todo el tiempo y en todas partes. Fíjate en cualquiera de las principales religiones monoteístas del mundo. Dinos lo que ves. Ves un sistema de pensamiento en el cual la gente lleva a cabo algunos actos, rituales o ceremonias programadas, con la esperanza de mantener sus cuentas al día para poder, al final, canjearlas por la redención final. Es como si se tratara de canjear fichas de juego. ¡Y es tan tonto! Sobre todo cuando esta se vuelve la forma en que los *cristianos* que han sido salvos por gracia intentan relacionarse con Dios.

Eso de «inclinar la balanza» está basado en la idea, nada bíblica, de que los niños buenos y las niñas buenas son los que van al cielo. En realidad, son los niños *malos* y las niñas *malas* transformados por el evangelio de Jesucristo los que van al cielo, aquellos cuyos pecados fueron cubiertos por Su obra redentora y que lo aman tanto por eso, viven para poner en práctica esos nuevos deseos que Él puso en ellos como forma de expresar su adoración voluntaria.

No lo hacen para comprar su entrada, sino para celebrar *que están* adentro.

Porque nunca podremos ser redimidos por la religión.

Raíces y fruto

Cuando tú eliges un libro como este que habla sobre «cómo cambiar» (lo dice ahí, en la portada), la *única cosa* en la vida que tú decidiste que necesita un mayor cambio es, casi con absoluta certeza, la *única cosa* en la que más piensas.

Para ti, tal vez esa «cosa» sea una odiosa adicción que estuviste combatiendo durante tantos años como puedes recordar. Quizás sea una depresión que sigue envolviéndote en olas, que muy pocas veces te suelta y que te golpea hasta el punto que has comenzado a dudar del amor de Dios, del amor de todo el mundo. Es posible que sea una relación dañada, tal vez producto de episodios pasados de abuso que distorsionaron la forma en que tú piensas, actúas y respondes, tanto así que no siempre te reconoces a ti mismo ni a la persona en la que te convertiste como resultado de ello.

Sea lo que fuere, tú *sabes* lo que es.

Tal vez tú digas: «Tengo problemas con las drogas».

«Tengo problemas con la gula».

«Tengo problemas con la lujuria».

«Mis relaciones con los demás no van bien».

Y puesto que tú lo dices, probablemente sea cierto. Pero lo que *en realidad* padeces, lo que todos padecemos de nacimiento es más que nada un problema del corazón. Y si estás intentando curar «esa cosa» en tu vida (1) esforzándote más, (2) usando a los demás, (3) escapando o (4) elevando tu cociente de religión, o alguna combinación de las anteriores, lo único que haces es recortar la mala hierba. Estás podando las cosas, haciéndolas lucir casi bien por un tiempo. Pero espera y verás que vuelven con toda su fuerza antes que te des cuenta, en todas sus variedades desaliñadas y enredadas. Tal vez dejen de crecer por un tiempo, pero no te engañes. Todavía conocen el camino a tu patio y a tu propiedad, todavía tienen toda clase de entradas y opciones para trepar otra vez sobre ti y algunas de esas opciones, tú ni siquiera las conoces.

Esas malas hierbas son la clase de grama silvestre que crece de manera natural, producto de tu herencia del linaje de Adán, así como de tu voluntaria alianza con él en la rebelión contra Dios. Lo que ves sobre el terreno es solo una prueba de la maldición y el daño que tuvo lugar, con tu permiso pleno y abierto, en la bioquímica de tu vida.

Esto se remonta a lo que Jesucristo dijo: «Nada hay fuera del hombre que entre en él, que le pueda contaminar...». En otras palabras, no somos hechos *inmundos* por las cosas que hacemos, permitimos o aceptamos, sino más bien Él dijo: «...pero lo que sale de él, eso es lo que contamina al hombre» (Mar. 7:15). No nos hicimos pecadores a nosotros mismos; el pecado es lo que ya está dentro de nosotros. Como dice el dicho: «El corazón de nuestro problema es el problema de nuestro corazón».

Para este trabajo necesitamos algo así como un tratamiento de canal. Tenemos que dejar que Dios se meta debajo de lo que *creemos* que necesita cambiar, para que pueda producir la total restauración y redención en nosotros donde *de verdad* necesitamos cambiar.

Por ejemplo: con el correr de los años aprendimos que, para los hombres que luchan contra la pereza o carecen de iniciativa (cuando se manifiesta así la hierba mala), la verdadera raíz detrás de lo que están viviendo es el temor. No es tanto que sean inactivos, sino que tienen mucho miedo: miedo a fracasar, miedo a arriesgarse, miedo a no ser suficientemente buenos, miedo a que lo único que logren sea quedarse cortos si intentaran más de lo que ya han intentado. ¿Me explico?

También hemos observado que las personas (tanto hombres *como* mujeres) que ceden a la adicción a la pornografía están motivadas por apremios iguales de ira y control, que brotan de las raíces idólatras de la fantasía lujuriosa. Son individuos inseguros, están enojados por algunas experiencias de la vida, encendidos por un deseo de cambiar las cosas y ejercer control sobre su propia vida y la vida de los demás. Como resultado de ello, empiezan a deshumanizar las imágenes visibles de hombres y mujeres hechos a imagen de Dios y los usan para su propio placer, bajo el poder de su propia voluntad.

Hay muchos otros tipos de malas hierbas que crecen de la misma forma. No siempre se caracterizan por los colores y las apariencias que vemos sobre el terreno, sino más bien por una falta subyacente (digamos) de perdón, por ejemplo, que se abrió camino hacia la superficie por entre la grama en forma de culpa o abuso, dificultad en las relaciones, soledad. ¿Entiendes lo que quiero decir? Podríamos seguir hablando de lo mismo y diagnosticar la presencia de fruto pecaminoso o destructivo mediante el sistema de raíces que lo mantiene alimentado y vivo debajo del terreno.

Lo que estamos diciendo es que nuestros problemas principales, y reiteramos que nos referimos a todos nosotros, no solo a ti ni a un tipo de personas, las grandes cosas de la vida que necesitan cambiar son mucho más graves de lo que tendemos a pensar. Más graves, incluso, que los hábitos que nos roban el gozo; más graves que las adicciones y las experiencias que reconocemos en la superficie y de las que deseamos huir.

Es terminal, estamos desahuciados, más allá de cualquier forma fabricada de redención.

Y si quisieras dejar de intentar defender tus alianzas con el dolor que has soportado, la ira que mereces, la culpa que has echado en los demás, la venganza que arrastras, el temor que racionalizas, las posiciones de batalla que has rehusado abandonar…

Si comenzaras a reconocer que tú, como todos los demás, estás enfermo en las raíces, y eres incapaz de llevar a cabo tu propia liberación y rescate, consciente de que todos tus intentos de redención no son más que tirar tus mejores esperanzas en «cisternas rotas que no retienen agua…» (Jer. 2:13).

Entonces, escucha, por favor: esa admisión de necesidad y realidad es buena. Es ahí donde puede morir lo que tú más odias de ti mismo. Es así como el Gran Cirujano del cielo comienza a realizar los procedimientos correctores en tu corazón que, a la larga, pueden liberarte.

Es así como tú cambias.

Capítulo 3

La recuperación total

El evangelio de Jesucristo

Randy y Cindy, su esposa, estaban todavía tamba- leándose luego de una serie de golpes que les habían alterado la vida: pérdida de empleo, problemas de salud, pérdida de un bebé y todo en muy poco tiempo. Entonces llegó la oscura y fría noche del 26 de diciembre, tarde durante ese mismo año: la noche que apagó lo poco que les quedaba de sus trece años de matrimonio. Randy, incapaz de deshacerse de la culpa de una aventura amorosa de hacía mucho tiempo, eligió la tranquilidad de aquel momento navideño para admitir lo que había hecho.

¿Puedes imaginarlo? O tal vez te lo imagines perfectamente bien.

Cindy estaba destruida, como era de esperar, empacó sus cosas y se fue a casa de su hermana, mientras Randy se quedó solo, mirando las cuatro paredes de realidad que no había querido ver en sí mismo antes. Las concesiones de carácter, rendición de cuentas e integridad habían sido expuestas de manera agonizante (siempre lo serán) y ahora estaba viviendo con la temible soledad y las vergonzosas consecuencias. Aunque había sentido pesar durante mucho tiempo, los efectos adormecedores de la negación y la culpa habían calmado la sensación de dolor de las heridas. Pero ahora, en la dura realidad de una casa vacía, sentía el dolor en carne viva.

La Biblia dice: «Porque mientras aún éramos débiles, a su tiempo…».

Otro ejemplo es Pedro, uno de los ancianos de nuestra iglesia, quien se convirtió en su primer año de universidad y de inmediato comenzó a servir a Dios, a amar a Dios y a ser transformado por el Señor. Una de las marcas de su crecimiento espiritual era una rica comprensión bíblica de lo que anda mal en el corazón humano, las cosas de las que hemos hablado en este libro hasta ahora: cómo estamos rotos en los lugares más profundos, cómo buscamos de manera instintiva en todo lugar excepto en Dios para calmar nuestra agitación y desasosiego.

Cuando tenía ocho años, a Pedro le habían diagnosticado depresión clínica y había luchado con ese gran peso desde entonces y hasta adulto, durante el matrimonio, e incluso durante sus años de fidelidad al Señor. Sin embargo, había comenzado a hacerse preguntas, no porque se sintiera culpable por tomar los medicamentos que le recetaban para controlar la química del cerebro… Pero «¿y si hay algo en mi corazón que necesita atención, algo que estos antidepresivos están enmascarando?», pensó. «¿Qué daño me puede hacer, solo por un tiempo, para ver?».

Respuesta: le haría *mucho* daño. Justo después de dejar las pastillas, la depresión lo llevó a nuevos niveles de oscuridad, una desesperación increíble, brutal. A pesar de que estaba acompañado por su esposa, su iglesia y por consejeros competentes, los vaivenes en sus pensamientos y emociones terminaron enterrándolo en el subsuelo, con apenas un suspiro de alivio.

El sol apenas salió en su vida durante dos años completos. Pedro no recuerda con exactitud dónde estaba ni lo que estaba haciendo en el momento del día cuando algo que se parecía al brillo y al calor captó sorpresivamente su atención. Pero sí recuerda cuando reconoció de manera consciente que estaba confiando en el Señor, como nunca antes, que estaba siendo atraído hacia la esperanza por la más pura sensación del amor y el favor de Dios que había conocido jamás, que no solo había sido redimido por la obra única de Cristo, sino que en ese momento estaba, y todavía continúa, experimentando la redención. «Porque mientras aún éramos débiles» y «a su tiempo…».

Luego tenemos a Ashley, la hija de un predicador, pero quien siempre experimentó un gran vacío en su corazón por falta de amor y atención. Eso la había metido en muchos problemas y en una serie de relaciones abusivas, todo lo cual la había alejado de la persona que ella pensaba que sería.

Sin embargo, algo sucedió un día en el funeral de su pastor de jóvenes, quien había muerto trágicamente en un accidente automovilístico. Fue muy triste. Había sido un golpe fuerte para todos, pero lo que la gente decía de él (y todo era verdad) era lo mucho que amaba a Jesús, la pasión con la que seguía a Cristo, lo contagiosa que era su vida cristiana. Y todo lo que Ashley pensaba era que si ella hubiera muerto en lugar de él, nadie habría dicho esas cosas sobre ella. Con toda honestidad, no se habría sorprendido si hubiera asistido poca gente a su funeral. En realidad, no había mucho que celebrar, recordar o admirar.

Sobre todo después del incidente de la boda. Una amiga le había pedido que fuera su dama de honor y ella estaba emocionada por haber sido invitada a formar parte tan importante de ese gran día. Pero en las semanas anteriores a la ceremonia, Ashley había empezado a beber mucho. Había llegado a comportarse de una manera vergonzosa y alarmante. Ella logró destruir la amistad con la futura novia luego de un par de ataques de ira y mala actitud.

Algunos amigos le dijeron a la novia que estaba en todo su derecho de no volverle a hablar a Ashley nunca más, mucho menos de sentirse mal por excluirla del cortejo de bodas, aun tan cerca de la fecha de la celebración. Pero en lugar de eso, ella se acercó a Ashley con perdón y gracia. A pesar de lo ocupada que estaba con los preparativos, dedicó tiempo para conversar con ella sobre lo que había pasado y para ver cómo podía ayudarla. Más que nada, le dijo que su amor por ella, igual que el amor de Cristo por ambas, era más grande que todo pecado, toda culpa o todo intento de alejarlas.

«Porque mientras aún éramos débiles» (justo en el momento adecuado), … «Cristo murió por los impíos».

Te va a encantar Romanos 5:6. Te va a gustar escuchar lo que el Dios de gloria y toda la creación te dice y nos dice a nosotros sobre lo que Él estuvo dispuesto a hacer para redimirnos de la condición de enemigos: «siendo aún pecadores» (v.8); y lo que sigue haciendo cada día para redimir a aquellos que son ahora «justificados por su sangre» (v.9) para que podamos seguir siendo, incluso como creyentes, «salvos por su vida» (v.10).

¡Ámalo!

¡Tiene que encantarte!

¿En realidad somos tan débiles? Será mejor que creas que lo somos. La gente dice que el cristianismo es una muleta y lo dicen como si estuvieran poniéndola en nuestra espalda, como si eso debiera incomodarnos.

Sin embargo, esa afirmación nunca nos ha molestado. Más bien decimos: «¡Claro!». *Necesitamos* esa muleta. No podríamos *vivir* sin esa muleta. Porque, escucha bien: apoyarse en la muleta del cristianismo es mucho mejor que andar cojeando sin ayuda, con un fémur roto, que es la única opción que habríamos tenido si Dios no hubiera llegado en el momento oportuno, mientras todavía éramos débiles, y nos hubiera sostenido con el poder vivo de la muerte y la resurrección de Cristo. La gente pregunta: «Entonces ¿quieres decir que todos estamos condenados, que no hay nada que hacer? ¿Eso es todo? ¿Desde el momento en que nacemos?». Sí, eso es básicamente lo que estamos diciendo. «Entonces ¿no podemos cambiar? ¿No somos capaces de vivir correctamente? ¿No podemos ver por nosotros mismos lo que está mal y hacer lo que sea necesario para corregirlo?». No, no podemos. *A menos que ...*

... a menos que Dios intervenga en el matrimonio destruido de Randy y Cindy y les muestre lo que el evangelio ofrece y puede hacer, incluso veintitantos años después, en una completa relación redimida entre ellos.

... a menos que Dios acompañe a Pedro a las profundidades infernales de la depresión, sin avergonzar a un líder de la iglesia por no ser capaz de sacudir sus malos estados de ánimo, sino más bien acompañarlo durante su proceso con una tierna tenacidad.

... a menos que Dios use el amor incondicional de una amiga para reflejar el carácter de Cristo en la vida de Ashley, tomando a una joven que se veía sucia, despreciada y no respetada para transformarla en una hija del Rey bienvenida y sin vergüenza alguna.

La belleza del evangelio de Cristo es el gran «a menos que» de la vida.

He aquí cómo lo hemos visto en la práctica en *nuestra* vida...

Matt

Ya he contado mi historia en otros libros antes, pero aquí va de nuevo en pocas palabras: Entré a la escuela secundaria antes de ser realmente confrontado con algún tipo de evangelio sano y actual con respecto a quién es Jesús. Mi madre era fiel al Señor, a pesar de algunas obsesiones legalistas que todavía tenía en su edad adulta. De manera que yo sabía algunas cosas sobre Cristo desde temprana edad. Sabía lo que me gustaba y *lo que no me gustaba*.

Pero Dios usó a unos cuantos hombres fieles para mostrarme Su amor y la verdad de cerca, a través de su interés por mí y su ejemplo mientras crecía. Fue entonces cuando un compañero de fútbol, que no desistía de hablarme de Cristo allí mismo en los vestidores, terminó siendo clave en el «tiempo» providencial de Dios en mi vida y logró quebrar la escéptica resistencia de la duda de mi joven corazón.

En realidad, yo no tenía nada que hacer en el equipo de fútbol. Era desgarbado, torpe y sin coordinación. (Eso no cambió mucho.) La mayor parte del tiempo jugaba pretendiendo que era del *otro* equipo durante la práctica y no que jugaba en *nuestro* equipo en los partidos reales. Sin embargo Jeff, era una estrella. De hecho, llegó a jugar fútbol universitario. Pero a pesar de que yo no estaba exactamente en su nivel desde el punto de vista atlético, me invitó a su iglesia: «¿Te gustaría venir este miércoles por la noche?».

Mi primera respuesta fue: «No, en realidad no me interesa».

Pero al final fui. Aunque, por un lado, lo que vi fue un grupo de tipos débiles y raros que cantaban canciones cursis y hacían gestos con el cuerpo; por otro lado, vi a gente imperfecta, tan arruinada como yo, pero que buscaba a Dios con plenitud de corazón y con su vida y eran transformados a través de lo que Él estaba haciendo en ellos.

Sin embargo, a pesar de la atracción que pudiera haber estado sintiendo hacia Cristo y Su evangelio durante aquellos días, semanas y meses, mi escudo protector seguía siendo el mismo: miraba de reojo todo lo que fuera bíblico o religioso. Estaba mucho más interesado en desaprobar el cristianismo que en estar intrigado por él. Siempre estaba tratando de encontrar las excepciones y exenciones que me impedían tener que pensar seriamente en someterme a él. Pero incluso con ese estado mental de resistencia y de no querer aceptarlo, fue casi como si Cristo se cansara por fin de ser amable conmigo y dijera: «Ven acá, hijo. Sabes que me perteneces».

Cristo había ganado, yo cedí.

Y cuando cedí, lo hice en grande.

Cristo logró evaporar por completo mi escudo protector y cautivó totalmente mis afectos por Él y Su Palabra. Vio a través de la debilidad de mis objeciones y de todas mis defensas y, en el momento justo, me introdujo directamente en Su Reino, dándome un nuevo corazón en el cual puso hambre de seguirlo y de ser transformado por Su cautivante gracia.

Michael

Te advierto que mi historia es bastante distinta.

Volví a someterme a un tratamiento contra las drogas el día de Fin de Año, la noche antes de que comenzara el nuevo milenio. El momento perfecto (diría uno) para darle la vuelta a una nueva página. Aunque aquella fue la última vez que consumí drogas, en ese instante sentía que nunca iba a poder salir de esa trampa. No veía mucha esperanza en el horizonte para alguien en mi situación.

Había estado casado y tenía una niña. Había ganado mucho dinero en el negocio de bienes raíces comerciales. Pero las drogas y el alcohol habían destruido, lenta pero firmemente, todo lo que era significativo en mi vida, incluido lo que yo había conocido y entendido sobre Dios, pues me había criado en un ambiente de iglesia cuando niño. A los 32 años ya estaba divorciado, deprimido, desolado y, después de un peligroso accidente de tránsito que me había mandado al hospital, estaba solo por completo. Por la manera en que estaba viviendo, algunos miembros de mi familia no me daban más de seis meses de vida. ¿Cómo culparlos? No les había dado razones para que pensaran de otra forma.

Pero quizás en el momento más débil de los que habían sido muchos, pero muchos años de momentos débiles; Dios comenzó a obrar en mi vida. El consejero que habían asignado a mi caso, quien habló conmigo unos días después (a principios de enero del año 2000), me dijo que él creía que Dios me había llamado para hacer algo, una misión que exigía una clase de vida distinta de la que había llevado hasta ese momento. Con toda honestidad, no había ningún Jesucristo en lo que él dijo, así como tampoco hubo ningún Jesucristo en nada de lo que había escuchado mientras estuve en aquella institución. Sin embargo, Jesucristo estaba presente donde se le suele encontrar: en los márgenes de la sociedad.

Cuando regresé a mi habitación y cerré la puerta, Dios encendió una luz en mi oscuro corazón. Todo lo que estaba oculto quedó expuesto a la luz. Nunca había sentido tanta tristeza ni tanto dolor. Tampoco había sentido jamás tanta esperanza y tanto amor. La verdad es que no comprendía lo que me estaba pasando. Hasta me paseé por el edificio en los días siguientes y dije que formaba parte de una «revolución», lo cual tiende a poner nervioso al personal de seguridad de un centro de rehabilitación. Pero así de drástico era lo que Cristo había comenzado. Esto se haría evidente para mí después, al entender lo que era un encuentro radical y salvador con el Dios vivo.

No terminaron todos mis problemas. Todavía había restos desparramados por doquier en mi vida y en la vida de mucha gente. Pero Dios había entrado en ella. Me había amado en mi debilidad.

Fortaleza en la debilidad

Si nos comparamos unos con otros, tal vez veríamos debilidad por grados, lo suficiente como para considerarnos relativamente fuertes y autosuficientes. Pero cuando nos colocamos delante del Dios Todopoderoso y ante nuestra pesada e innata maldición de pecado, somos por naturaleza muy débiles. Todos nosotros.

Entonces, si luchas con la posibilidad de seguir al Señor de cerca porque te sientes *tan* indigno, *tan* inmundo, *tan* inestable, escúchame bien: «Porque mientras aún éramos débiles, a su tiempo», Dios vino a rescatarte. Y todavía lo hace.

Si no puedes aceptarlo, sin importar cuántas veces te digamos que Dios se deleita en ti, a pesar de que tú tropiezas con tus fracasos y adicciones y avanzas con tanta lentitud hacia la madurez, escúchanos: «…Dios demuestra su amor para con nosotros, en que siendo aún pecadores, Cristo murió por nosotros».

De ninguna manera, por supuesto, Dios desea que sigas siendo maltratado y permanezcas cautivo de esos desagradables hábitos y otras disfunciones. No te hacen nada bien y siempre te costarán la libertad, el gozo y las bendiciones confiables de la obediencia. Pero eso no significa que no estemos todos, cada uno de nosotros, en algún tipo de recuperación mientras Dios hace Su obra en nosotros, la cual ¡ya lo creo!, todos necesitamos ¡y mucho!

Tal vez fuiste salvo a temprana edad. Quizás el Señor Jesucristo te encontró mientras estabas sentado tranquilamente en una clase de escuela dominical, o hecho un manojo de nervios luego de una juerga o al final de tu soga ya bastante deshilachada. ¡Ese es el testimonio que todos deseamos para nuestros hijos! Que no conozcan nada más que amarlo y buscarlo a Él, regocijándose en lo que Él ha hecho en Cristo para que lleguen a formar parte de Su familia del pacto. ¡Alabado sea el Señor por librarte de algunas de las horribles experiencias que tuvieron que enfrentar algunos de Sus hijos, los fríos y atroces lugares a donde Él ha requerido que Su amor vaya a sacar a algunos de nosotros!

Sin embargo, suponemos que, dondequiera que sea que Él te haya encontrado, alguna vez sentiste una gran debilidad en el camino. De hecho, es posible que nunca te hayas sentido tan débil como te sientes en este mismo momento. En ese caso, da gracias porque Su redención no es una experiencia de una sola vez, no es cosa de un momento en los años de la adolescencia o la niñez, que tal vez temes que no estuviera lo bastante cargado con suficiente gracia como para cubrir todo lo que tú has hecho desde ese momento hasta ahora.

Eso es exactamente lo que la Biblia *no* dice. Dios todavía tiene un plan para ti, por más débil que seas, por más débiles que seamos todos. Su amor y aceptación, Su orgullo al darte Su nombre y Su gozoso interés en lo que Él sigue haciendo en ti a medida que te guía por la vida. Esas promesas y muchas más son tuyas por Su elección celestial. Nada más que las viejas y deterioradas mentiras del Enemigo son lo único que te impide dejarte caer con todo tu peso en los amorosos brazos del Salvador, experimentando en carne propia y en victoria aquello por lo que Él luchó, murió y vivió otra vez para darte.

De manera que sí, tienes razón. No todo lo oscuro desapareció cuando tú te rendiste al llamado de Su gracia y lo recibiste a Él por fe. Sin embargo, las buenas nuevas de Su evangelio eterno todavía están explorando y van en pos de la invasión... una invasión sumamente poderosa, sobre todo contra tu debilidad y la nuestra.

Re-equipamiento

Por alguna razón, que debemos encontrar muy difícil de entender, podemos leer y escuchar historias como esas de rescate y perseverancia, podemos leer y escuchar la verdad del evangelio proclamada mediante la Palabra de Dios y desde el púlpito, pero... bueno... todavía sentimos que nuestros «intentos de redención» tienen mejores probabilidades de obrar a nuestro favor.

¡Eso es una locura! Pero así somos nosotros, ¿no?

Pero si de verdad estamos escuchando el evangelio, el cual nos dice que «al que no conoció pecado, le hizo pecado por nosotros, para que fuéramos hechos justicia de Dios en Él» (2 Cor. 5:21), debemos comenzar a ver una diferencia en cómo nos beneficiamos con eso. Si podemos empezar a desacelerar nuestras excusas y reflejos el tiempo suficiente como para aclimatarnos a lo que en verdad dice la Escritura, podríamos comenzar a olvidar dónde guardábamos aquellas cajas de herramientas y soluciones propias. Podemos enderezar aquellos pozos defectuosos de donde hemos intentado sacar nuestro propio sentido de seguridad y alivio del dolor. Claro que no lo haremos de una manera perfecta, pero al menos podemos hacerlo con menos torpeza.

Y entonces, tal vez podríamos comenzar a ver algunos cambios.

Demos un nuevo vistazo a aquellas cuatro cosas otra vez y tomemos nota de lo que el evangelio les ha hecho.

Nosotros

Por ejemplo, no debemos permitir *nunca* ser estafados pensando que podemos hacer el bien solo por nosotros mismos porque, incluso en nuestros *mejores* días, nos quedamos cortísimos con las expectativas que Dios tiene de nosotros.

Pregúntate si hiciste algo alguna vez para salir del fango de tu pecado. ¿No fue Dios (y no tú mismo) quien tiraba de la cuerda, la cuerda que te liberó del desastre que habías creado y de todos los desastres que has seguido creando?

¿Alguna vez leíste el Salmo 18? ¿El Salmo 40? (Sabes que el evangelio está por todas partes en el Antiguo Testamento, ¿no es cierto?). Nota qué sucede cuando Dios responde a la desesperación de Su pueblo, cómo viene a toda velocidad desde el cielo, como un trueno a través de las nubes, a una velocidad tan alta que Su llegada evapora torrentes de espuma de agua salada para dejar un canal seco en el lecho del océano. Y todo para rescatarnos de un enemigo que es «demasiado poderoso» para nosotros, para arrebatarnos de las garras de la muerte, que nos hundirían como en un pantano, y poner nuestros pies a salvo «sobre una roca».

Ve, léelo. Te va a dejar asombrado.

Entonces, ¿cuál es la razón para el orgullo y la presunción cristiana, ya que ese fue el único papel que desempeñaste en tu salvación? ¿De dónde sale todo ese ladrar, como si tú pudieras asustar a los bandidos solo por ir de un lado a otro dentro de la jaula?

Déjate de tonterías. Tú fuiste salvo solo por gracia y solo por medio de la fe. Por tanto, solo Dios recibe toda la gloria. Y cuando logres comprender este tema básico, dejarás de acudir a *ti* y comenzarás a acudir al Señor. Te sacarás toda la podredumbre maloliente que acumulaste y, sacudiendo todo lo que tienes en los bolsillos, dirás: «Toma, ¿me haces el favor de deshacerte de esto por mí?». Si alguna vez tu cónyuge, tu jefe o tus padres señalan algo de tu carácter o actitud que es necesario arreglar, tú solo tienes que llevarle tu mísero yo directamente delante de Él y decirle: «Señor Jesús, ven y tómalo». Porque tu satisfacción viene de *Su* obra, no de la tuya.

Los demás

Muchos de nosotros nos movemos de un lado a otro casi de manera exclusiva sobre la base de la aceptación y validación de los demás. Cuando las recibimos, nos sentimos bien. De lo contrario, nos ponemos nerviosos, nos cohibimos. A veces *nos airamos* por ello o nos ponemos temperamentales y nos sentimos descontentos, casi incapaces de funcionar.

Pero eso no sucede si el evangelio está en su debido lugar en nuestras cabezas. Tu aprobación y la nuestra vienen de Dios, no de los demás: no viene de los amigos, los compañeros de trabajo, los competidores ni los críticos, ya que a lo sumo, la opinión de ellos tiene una vida útil muy limitada. Esas personas están un paso más cerca de la muerte hoy, al igual que tú. La única aprobación que debería importarte es la de Aquel que te juzgará algún día. Él, ya te declaró redimido.

Entonces, Su opinión es todo lo que necesitas, lo cual quiere decir que tienes que estar mucho más a tono con eso que con lo que cualquiera de los demás esté diciendo.

Nuestro rescate por parte de Dios, junto con Su aceptación, nos permite andar con marcha fluida de humildad y confianza. Esas dos cualidades, dentro del contexto de la vida en el evangelio, pueden comenzar a *planear una junto a la otra*, hasta que casi se convierten en una misma cosa. En humildad: no vamos por allí haciendo lo que nos dé la gana, cuando nos dé la gana, incapaces de responder con arrepentimiento y seriedad a toda clase de reprensión. También con confianza: no vivimos bajo la dictadura de los resultados de las encuestas de quienes nos rodean. No hacemos ni decimos cosas solo para mantener nuestra aprobación en niveles altos. Nuestras calificaciones de aprobación ya se decidieron. Ahora podemos vivir solo para servir, adorar, guiar, amar, relajarnos y disfrutar las bendiciones de Dios.

De manera que ya no necesitas que tu cónyuge crea que tú eres fabuloso para que te sientas motivado a amarlo(a) y cuidarlo(a). No, su opinión favorable no es tu bien supremo. Dios te ama tanto los días en que tu cónyuge cree que le colgaste la luna en el cielo, como los días en que crees que él o ella te quiere colgar a ti. La manera en que ellos te responden no determina la forma en que tú los tratas o la manera en que permaneces en obediencia al Señor, ni tampoco influye en las decisiones que tomas por el bien de tu familia.

Porque tu satisfacción viene de *Dios*, no de ellos.

El mundo

Nuestro problema con el mundo no es el mundo. Una de las principales razones por las que saltamos de un mal hábito a otro, atrapados en ese interminable rebotar de altas y bajas (sentirnos bien con nosotros mismos, sentirnos pésimo con nosotros mismos; sentir que tenemos el control un minuto y al minuto siguiente sentirnos esclavos), es porque seguimos buscando satisfacción en las cosas del mundo. Y esa no es la razón por la que están allí.

Lo más importante es que como pueblo redimido, no es para eso que las *necesitamos*.

Veámoslo de esta manera: el solo hecho de que algo exista «en el mundo» (fuera de los servicios de adoración y los estudios bíblicos) no cae de manera automática en la lista de cosas prohibidas para el cristiano. Dios, en lo que se conoce como Su *gracia común* hacia todo el mundo (que se diferencia de Su *gracia salvadora*, que perdona nuestro pecado y hace el evangelio eficaz), nos proporciona toda clase de cosas que cada uno de nosotros puede disfrutar, sea cristiano o no.

Por ejemplo, la comida le sabe tan bien a un pagano como a un presbiteriano. No hay nada malo en sí mismo en un filete, ni en una hamburguesa, ni en las papas fritas, ni en las galletas Oreo. Tal vez los valores nutricionales no sean buenos en algunos de ellos, pero no necesariamente hay pecado que confesar. La comida es algo provisto por Dios para *todos* nosotros para nuestro alimento y deleite.

Lo mismo sucede con el sexo que, claro está, es otro don de Dios que no tiene como prerrequisito la membresía en una iglesia antes de que sea disfrutado o que alguien se interese en él. Creo que podemos deducir por las películas y los comerciales de televisión que todo el mundo está en eso.

Lo mismo sucede con el vino (sabemos que en algunos círculos, esto es un poquito controversial). El vino forma parte de la buena creación de Dios y la Escritura no nos advierte que nos mantengamos alejados de él, excepto cuando conduce a la embriaguez. Reiteramos, es evidente que el mundo es también un conocedor del sabor del vino.

Sin embargo, aquí el evangelio hace una diferencia…

Una persona que no es salva (así como el cristiano que anda por ahí pensando como ella) come una buena comida, disfruta una buena copa de vino, hace el amor con su cónyuge y… aquí es donde se echa a perder: ese momento mundano de satisfacción nunca será mejor que eso. Se va a despertar el sábado en la mañana, sin importar cuán cara haya sido la cena, por muy especial que haya sido el tiempo en la habitación, y todavía va a necesitar más. Todavía estará insatisfecho. Pero no nosotros. No si estamos pensando correctamente. Por medio del evangelio, a través del cual Dios ha escogido deleitarse en nosotros y nos dio todas las cosas para que las disfrutemos (por supuesto, dentro de los límites sanos y razonables de la sabiduría y el sentido común), todo don de la gracia común representa una nueva oportunidad para que celebremos Sus maravillas, Su misericordia y Su gloria. Es *Él*, no nuestros fabulosos ingresos ni nuestra extraordinaria apariencia, el responsable de esas bendiciones. *Él* fue quien creó en Su mundo tan variada paleta de colores, sabores, texturas, aromas y placeres. Por eso, a *Él* debemos adorar, dar gracias y glorificar cada vez que experimentemos hasta el más básico de Sus dones materiales.

Cuando se mira como es debido dentro del marco del evangelio, ni nuestro deseo de esas cosas ni la recompensa esperada de lo que pueden hacer por nosotros termina en el don en sí mismo, sino que más bien pasa de ahí a alabanza y gratitud por quién es Dios y lo que Él ha hecho.

Y nos vamos sintiendo *totalmente* satisfechos, en Él.

La religión

Entre las cosas que debemos exterminar de nosotros, gracias a la influencia invasora del evangelio en nuestras vidas, ese disparate de la religión por amor a la religión tal vez sea el más placentero de todos para atravesar.

Vamos a desollar esta cosa y vamos a convertirla en cena.

No vamos a dejar que nos persiga y nos atemorice más.

La religión siempre es algo de afuera hacia adentro. «Voy a hacer algo por Ti, Dios, y Tú harás algo por mí». ¡Vamos! ¿No ves lo retorcido e idiota que es eso? El evangelio va de adentro hacia fuera. Es «Cristo en vosotros, la esperanza de la gloria» (Col. 1:27). Un nuevo corazón, nueva creación, nuevos deseos, nuevos amores. La santidad y la justicia te han sido imputadas, han renacido dentro de ti y no hay nada que tú puedas hacer para ganarte más favor que ese.

¿Te das cuenta de lo que esta perspectiva hace a tus oraciones, tu adoración y tu tiempo devocional con el Señor? Claro, estas cosas todavía requieren de una batalla constante de autodisciplina, puesto que seguimos en el proceso de aprender cómo acallar esas voces perezosas y engañosas dentro de nosotros. Sin embargo, no buscamos a Dios para que nos dé un premio o una palmada en la espalda. Lo buscamos para disfrutar de una intimidad aún mayor con Él, para acercarnos aún más a Su corazón, para abrir cada vez más esos armarios donde habíamos intentado restringirle el acceso, pensando que no le gustaría lo que vería, pensando que nos rechazaría si supiera lo que tenemos allí.

La razón por la que estudiamos Su Palabra, por la que atacamos nuestro pecado, por la que compartimos con generosidad nuestros recursos y por la que servimos a las personas que nos rodean no es para *persuadirlo* de que nos ame. Lo hacemos porque Él ya *nos ama*... y porque Él desea que ahondemos todavía más en el tesoro de Su bendición, en el gozo, la dulzura y la vida abundante que Su evangelio abre para nosotros.

Allí está la satisfacción para ti.

De muerte a vida

¿Recuerdas aquel pasaje de Jeremías 17 que mencionamos hace un rato, que habla de confiar en nosotros mismos, del desierto y la tierra inhabitable? Como sucede muchas veces en la Escritura, lo malo se contrasta con lo bueno, la advertencia junto a la promesa.

Y he aquí la mitad alentadora de esos versículos: «Maldito el hombre» (¿recuerdas?) «que en el hombre confía, y hace de la carne su fortaleza». Esa es la primera parte. Pero «bendito es el hombre que confía en el Señor», quien pone toda su confianza en lo que Dios ha hecho y puede hacer, en todos los lugares donde no pudimos ni podemos. Ese hombre o esa mujer, dice la Biblia…

… Será como árbol plantado junto al agua, que extiende sus raíces junto a la corriente; no temerá cuando venga el calor, y sus hojas estarán verdes; en año de sequía no se angustiará ni cesará de dar fruto (Jer. 17:8).

Uno de esos tipos de árboles, que es tenido en cuenta en la narrativa bíblica desde el arca de Noé hasta Apocalipsis, es el olivo, notable por varias interesantes razones. Una de ellas es la increíble manera como crece, nudoso y retorcido, sobre todo los que tienen cientos de años, a veces, más de mil. Los troncos son gruesos, bajitos, maltratados por el clima, como si tuvieran una historia interesante que contar. Busca una foto de un olivo y verás a qué nos referimos.

Sin embargo, quizás lo más extraordinario que tiene este árbol es que, aun si la estructura que está por encima del suelo muere por completo (ramas muertas, no hay crecimiento, el color es marrón, las hojas están enrolladas y es hora de destruir el tocón), sus raíces son tan duras y fuertes, que un olivo vivo puede resurgir de uno que ya estaba destruido y podrido.

El olivo es una imagen viviente del evangelio, de la redención en acción. La vida no se reinicia en las ramas, con cintas ni cuerdas ni empalmes de otros retoños. Más bien sucede por debajo del suelo, donde no se ve, fuera del control de todos, allá abajo donde (a diferencia del olivo) hasta nuestras *raíces* están muertas. Pero Dios produce el nuevo nacimiento. Dios restaura lo que no se puede restaurar. Toma lo quebradizo, roto y que ya no tiene esperanza y le infunde Su propia vida en los espacios muertos.

Eso lo hace no solo una vez, sino otra y otra vez más. Siempre renovando y siempre revitalizando.

Siempre redimiendo.

Siempre satisfaciendo.

Eso es el evangelio.

Capítulo 4

Una buena lucha

La verdadera fe en la vida real

Todo el que alguna vez haya tocado en una banda de música o en una orquesta, probablemente conozca el perturbador sentimiento que se produce al desentonar con la música. Ya sea que hayas retirado la mirada del director, contado mal las notas y las pausas o simplemente por no saber cuál es el compás que continúa, el grupo puede seguir con la partitura a tu alrededor y tú estás tan desfasado que no sabes cuándo entrar.

Si te quedas muy atrás, probablemente seas el único que no esté tocando a la señal del director. Pero si adivinas demasiado pronto, probablemente seas el único que *esté* tocando (¡*chirrido!*), mucho antes que todos los demás. Y tú sabes que no se esperaba que tocaras como solista.

Ese es el resultado de estar fuera de tono.

Ya sea que lo hagas a propósito o no, también se puede desentonar con la canción del evangelio. En vez de dejarte dirigir al lugar originalmente destinado por su Compositor, hacia una adoración agradecida a Dios, puedes salirte directamente de sus marcas de tiempo y terminar en la confusión.

Como por ejemplo, algunas personas que conocemos aquí en Texas creen que son cristianas porque, bueno... son de Texas. También porque se criaron yendo a la iglesia o porque se bautizaron a los diez años de edad. Desde entonces han dado lo mejor de sí, viviendo una vida bastante buena y tratando de ser buenas personas.

Muy bien.

Nos alegramos por ellos.

Pero ser bueno no te hace cristiano, como tampoco el lugar en donde uno nace y menos el haber tenido un abuelo predicador. Ser cristiano no tiene nada que ver con ser bueno ni ser criado cerca de gente razonablemente buena. La verdad del evangelio señala que «no hay quien haga lo bueno, no hay ni siquiera uno» (Rom. 3:12). De manera que nuestro origen no significa nada, porque como dijimos: *No somos la respuesta, somos el problema.*

Eso es un error.

Pero lo que también es un error, es otra línea específica de pensamiento igual de contradictoria en cuanto a quién es Dios y lo que implica Su evangelio.

¿Se puede ser lo suficientemente bueno como para ganarse el favor de Dios? Por supuesto que no.

¿Y suficientemente malo como para perderlo?

¿Puede ser malo hacer que un cristiano *no* sea cristiano?

Ahora bien, antes de que te vayas pensando que estamos tratando de vender la idea de que en realidad no importa cómo viven los cristianos, aclaremos lo siguiente: Jesús tenía una razón para decir, usando la terminología agrícola de Su tiempo, que el camino para hallar «descanso para vuestras almas» viene, no de andar por ahí haciendo lo que uno quiera, sino de cargar Su «yugo» y partir desde allí. «Porque mi yugo es fácil y mi carga ligera», dijo (Mat. 11:29-30). Confía en nosotros en esto o recuérdalo desde tu propia y amplia experiencia. El «yugo» y la «carga» del pecado podrían no ser aparentes ni visibles al principio. Pero después de un tiempo suficiente como para que se forme la fea acumulación de lamentos y consecuencias, el yugo y la carga del pecado son exactamente lo opuesto a «fácil» y «ligera». Sea lo que fuera que en aquel momento parecía libertad, placer o diversión inocente, a la larga se convierte en lo más alejado de todo eso.

Me gustaría que pudieras ser una mosca en la pared que observa alguno de los grupos caseros o grupos de recuperación de nuestra iglesia. Las historias, los recuerdos y la angustia que escucharías a menudo no son ni siquiera fáciles de *escuchar*, mucho menos lo que se siente al vivirlos y sufrir las consecuencias. Tal vez tú seas una de esas historias. El pecado no nos hizo ningún bien. ¿Estamos de acuerdo en eso? Y es una completa locura pensar que la manera de ganarle al sistema espiritual es mostrarte lo suficientemente patético un fin de semana como para convencer a Dios de que te salve, para luego pasar el resto de tu vida haciendo lo que te dé la gana.

Incluso si esa fuera una opción disponible, *no* es un buen plan.

Si tú eres cristiano y crees que te perdiste de algo por no experimentar con drogas o promiscuidad, aprende la lección de la gente que sabe: las adicciones a la heroína y las enfermedades de transmisión sexual no son los premios mayores de la vida. Tampoco el drama de sus testimonios es mayor que la dulce bondad de Dios que brilla a través de la historia de salvación de alguien que nunca experimentó esas cosas.

¿Somos claros con esto? El pecado es malo.

Siempre. Para todo el mundo.

Antes de la salvación y *después* de la salvación.

Fue el pecado en nuestro corazón, heredado de Adán y luego aceptado como nuestro, lo que nos hizo cantar de manera desentonada al principio, silbando fuerte, pero completamente perdidos y dirigiéndonos a la muerte y la destrucción. Hasta que Cristo intervino. Por el don de Su justicia, recibida cuando creímos en Su nombre, Él, de manera sobrenatural, puso un cántico nuevo en nuestros corazones, nos dio una nueva canción que lleva a la vida, al gozo y a todas las bendiciones de seguirlo.

La fe nos llevó al arrepentimiento.

Jesús produjo el cambio.

Sin embargo, esa canción no se toca lo suficiente hasta que uno ha encontrado su sitio en algún juego celestial de las sillas. Y muchos no lo comprendemos, o al menos, no vivimos ni nos relacionamos con Dios en combinación con esa realidad. Comenzamos a pensar que nuestro pecado es mayor que el poder redentor de Dios. Debido a que todavía estamos pasando apuros con el pecado, tememos que podría ser el fin para nosotros. Pero la prueba del cristianismo no está en la perfección. De hecho, una de las claves para saber que somos salvos, por muy ilógico que parezca, es cuando la fe nos guía de manera *continua* al arrepentimiento y Cristo, de manera *continua*, está produciendo cambio.

La respuesta permanente de un cristiano al evangelio es un flujo constante de continuo arrepentimiento.

¡Arrepiéntete!

La gente tiene la idea de que el *arrepentimiento* no es más que el lenguaje usado por el predicador callejero que amenaza con el fuego y el azufre. Es como el cartel clavado sobre un poste que dice «TE VAS A CONDENAR». «Arrepiéntete» es LO que solían decir todos aquellos profetas de apariencia extraña del Antiguo Testamento, que escupían las palabras a través de dientes amarillentos y que agitaban el puño en el aire. «¡Arrepiéntete!» (Tú, pecador asqueroso).

Tal vez recuerdes que Juan el Bautista era así, como un regreso a los Elías de antaño, a principios del Nuevo Testamento. Su ropa era de piel de camello; su pelo, enmarañado por días. Comía langostas crujientes de desayuno. Es por eso que no nos sorprende que aparezca en las Escrituras diciéndole varias veces a la gente que se «arrepienta», no sin antes llamarlos, en varias oportunidades, con nombres desagradables y hacer referencias violentas a cosas como hachas, víboras, fuego y rastrillos.

Pero por fin, ¡por fin!, aparece Jesús en el escenario. Por fin podemos terminar con el griterío y los chillidos. Esperamos sin reservas que el Jesús amable salga al escenario de la historia humana con una amplia sonrisa en el rostro, declarando mientras mueve el brazo como una señal de amor mágico: «No se preocupen muchachos, conmigo no hay problema».

Pero eso no fue lo que sucedió en absoluto.

Cuando Él declaró que Su llegada a la tierra representaba un cumplimiento significativo de la profecía del Antiguo Testamento, afirmó en aquel momento: «El reino de Dios se ha acercado». Él concluyó ese gran pronunciamiento usando, de manera certera y coherente, el mismo imperativo de una palabra que la larga lista de profetas que le precedieron ya habían dicho... con una diferencia importante. Una declaración fuerte y significativa que Él añadió al final. La simple declaración que hace que el arrepentimiento sea incluso posible.

«Arrepentíos», dijo, «y creed en el evangelio» (Mar. 1:15).

Recuerda que el evangelio significa «buenas noticias» y para que las noticias sean buenas, como dijimos antes, tienen que invadir los espacios oscuros, como las sendas oscuras y torcidas de las que hemos hablado: una confianza inútil en *nosotros*, una codependencia necesitada de la aprobación de *los demás*, una aventura amorosa sórdida con el *mundo*, un juego falso de justicia basado en las reglas rígidas y arbitrarias de la *religión*.

En cada uno de esos mismos espacios oscuros, Jesús le decía a la gente de Su época, así como lo ha dicho y nos lo dice a nosotros: *arrepiéntanse y crean*.

Sin embargo, ese arrepentimiento y ese creer no son sucesos que ocurren una sola vez. Claro, el evangelio implica un arrepentimiento del pecado y una creencia en Jesucristo iniciales. Eso es cierto. Eso es lo que conocemos como salvación, regeneración y varias otras palabras del vocabulario bíblico. Pero «arrepentirse y creer» es mucho, mucho más que eso. Es un tema fundamental que continúa siempre en la vida de un cristiano. Por medio de la gracia activa y eterna de Dios, «arrepentirse y creer» se convierte en el estilo de vida vivo, creciente, siempre renovador del creyente guiado por el Espíritu.

Arrepiéntete y cree.

Enjuaga y repite.

Esto constituye una parte muy importante de la *Recuperación de la Redención*. Es la manera como destapamos uno de los principales bloqueos de nuestras arterias espirituales que nos impiden experimentar la libertad en nuestra vida con Cristo. Porque a pesar de lo que algunos creen de manera hipócrita, ser seguidor de Cristo no significa que nunca pequemos (1 Juan 1:8: «Si decimos que no tenemos pecado, nos engañamos a nosotros mismos y la verdad no está en nosotros»). Pero sí significa que nos ha dado, al salvarnos, un corazón que desea regresar a Él... *cuando* pecamos.

Eso es muy importante y marca una gran diferencia.

Cualquier persona, claro está, puede llamarse cristiano. Pueden querer ser buenos, desear ser diferentes, hacer toda clase de ajustes externos, tratar de mejorar por ellos mismos. Pero solo el cristiano ha recibido lo que él o ella necesita para aborrecer de verdad y por completo su pecado, deseando la verdadera justicia de dentro hacia fuera y desafiando lo malo en ellos hasta el punto de tener un diagnóstico claro. Cambiar, pero de verdad. El fruto del *arrepentimiento* es la manera como lo reconocemos. De la misma forma en que identificamos un manzano al notar que hay manzanas que cuelgan de sus ramas, el arrepentimiento que crece en nuestro corazón es el principal indicador de la creencia genuina que hay dentro nuestro. Nos muestra que somos Suyos desde las raíces hacia arriba. De lo contrario, nunca profundizaríamos tanto.

La Biblia dice: «En esto sabemos que permanecemos en Él y Él en nosotros: en que nos ha dado de su Espíritu» (1 Juan 4:13). El mismo Espíritu que «todo lo escudriña, aun las profundidades de Dios», que «conoce los *pensamientos* de Dios», que nos ayuda «para que conozcamos lo que Dios nos ha dado gratuitamente» (1 Cor. 2:10-12). El Espíritu Santo dentro de nosotros, quien nos bombea de continuo la verdad y la revelación del evangelio (por medio de la lectura de Su Palabra, de la predicación fiel, de la interacción que se produce cuando «un hombre aguza a otro» (Prov. 27:17) dentro de Su Iglesia), puede hacernos conscientes, de manera única, cuando nuestra vida no coincide con las realidades de nuestra salvación. Y con el fin de seguir moviéndonos en esa dirección, Él seguirá produciendo en nosotros el fruto de arrepentimiento que lo acompaña.

Así es como sabemos que somos Suyos.

Por medio de nuestro arrepentimiento.

Es el fruto viviente de la redención.

Pero por supuesto, es aquí donde se complica la cosa. Es aquí donde pueden empezar a surgir algunas de nuestras dudas, porque es probable que ya sepamos que somos bastante buenos fingiendo arrepentimiento cuando lo necesitamos. Podemos lamentarnos sin estar *realmente* arrepentidos, todo al mismo tiempo. Y así, si el fruto de la fe es arrepentimiento y si nuestra única manera de cambiar lo que está mal en nosotros es confiando en Jesús, entonces ¿cómo podemos saber si nuestro arrepentimiento es genuino, la clase de arrepentimiento que realmente te dirige al cambio?

De eso se trata el resto de este capítulo.

El pecado y la tristeza

Bueno, vuelves a encontrarte en ese lugar tan conocido por el desaliento y la derrota: partes iguales de enojo, culpa, vergüenza y tristeza. Las voces de condena aumentan la intensidad de todo. Tu alma grita porque desea encontrar una salida de esa esclavitud. Te sientes frustrado, tal vez hasta el punto del abatimiento y estás por desistir. Sientes *muchas* cosas y ninguna de ellas es buena.

Te sientes terrible por todo esto.

En 2 Corintios 7:10, la Biblia llama «tristeza» a ese terrible sentimiento, que es la palabra que se aplica con más frecuencia a los momentos cuando alguien ha muerto, cuando hemos perdido a una persona que amábamos y que era cercana a nosotros. Pero la *tristeza* también es un término adecuado para describir lo que sucede como consecuencia del pecado. De todas las cosas con las que nos deja el pecado, una de las peores es esta: una profunda sensación de pérdida.

Puede que no la reconozcamos de inmediato. Pero en algún momento, de alguna forma, nos vamos a dar cuenta de que perdimos o estamos perdiendo algo como resultado de esa tóxica combinación de locura, mal juicio y falta de dominio propio. Perdimos tiempo. Perdimos la esperanza. Perdimos la paz mental o la confianza de alguien. Perdimos una racha de sobriedad, nuestro respeto propio, mucha de nuestra antigua confianza o quizás simplemente lo que quedaba de un fin de semana que, se esperaba, fuera agradable. Algo se pierde. E incluso si no se nos nota en la cara o si no permitimos que nadie más lo sepa, igual sabremos en nuestro interior que hacemos duelo por lo que nos costó.

Eso forma parte de la vida en un planeta caído. No tenemos la oportunidad de elegir si el pecado, a la larga, producirá una respuesta dolorosa. Al final, con el tiempo, terminaremos sintiendo algún tipo de pesar por su causa.

Sin embargo, no toda tristeza es igual.

No todo arrepentimiento refleja el evangelio.

La Biblia, de nuevo en 1 Corintios 7, distingue entre esos varios grados de tristeza, organizándolos en dos categorías: *la tristeza piadosa* y *la tristeza del mundo*. Nuestras reacciones caen en el primer grupo y conducen a una vida «sin nada que lamentar», lo cual (creo que todos estaremos de acuerdo) suena bastante bueno. Pero las otras formas de responder a nuestro pecado conducen a la «muerte», o sea, a ningún tipo de vida.

Comencemos identificando algunas respuestas tristes que sin duda alguna inducen a la muerte, el tipo de pesar en el que debemos evitar caer:

La tristeza horizontal

No estamos demasiado preocupados por lo que hicimos ni por quiénes fueron afectados, solo muy tristes porque nos atraparon. Y si *no nos hubieran* atrapado, probablemente todavía lo estaríamos haciendo. Si pudiéramos volver a hacerlo *sin* que nos atrapen, probablemente sería lo siguiente que haríamos… pero con más cuidado esta vez.

Esa es la clase de tristeza pecaminosa que no responde más que a nuestro propio dolor. Todo lo que sabemos es que nuestra esposa está enojada, que nuestro jefe nos llamó a su oficina o que la factura está por vencer o que la policía nos pisa los talones.

¿Podrían surgir algunas promesas lacrimógenas y «pedidos de perdón» de estos acontecimientos? Claro. Es muy posible. Pero los pañuelos y las lágrimas no cuentan toda la historia. Lo que a menudo falta en este cuadro es una perspectiva de Dios, una reacción vertical, la comprensión de que el pecado es malo, no solo por la manera en que hace daño, sino por el veneno del que está hecho. La tristeza horizontal está mucho menos preocupada por estar quebrantada, y mucho más por haber sido pillada *in fraganti*.

La tristeza emocional

Reiteramos, todo el llanto y el alboroto pueden producir confesiones dramáticas que suenan sinceras. Pero la sola emoción descarnada no es sinónimo de arrepentimiento. Eso es porque las emociones, en realidad, son como los castillos inflables para el organismo humano. Suben, bajan, se estiran, ruedan. No pueden andar derecho ni mantener el equilibrio por más de unos cuantos minutos. Entonces, una vez que se termina el espectáculo y la aspirina comienza a surtir efecto, esos sentimientos llenos de energía, los mismos que te hicieron decir con toda sinceridad «nunca más», no se encontrarán en ninguna parte, sin importar cuán sincero(a) hayas parecido cuando lo dijiste.

Siempre que el principal impulsor de la recuperación sea solo el celo emocional, el combustible se quemará una vez que la pasión haya pasado. A menudo la diferencia entre cambiar nuestros caminos y estar atascados en lo mismo de siempre es la misma diferencia que hay entre querer sanar y solo querer sentirse mejor una vez más.

La tristeza pasiva

Es como el tipo que uno de nosotros vio hace poco en televisión haciendo alarde del león que tenía como mascota. Me refiero a un león de verdad, el «rey de la selva». El tipo lo estaba llevando con una cadena, como si fuera un perro. Pero durante parte de la filmación, las cámaras captaron a este enorme felino lanzándole un zarpazo directo a la novia del hombre. La atacó y por poco la mata.

Lo impresionante es que nadie podía creerlo.

Estamos hablando de un león, ¿no?… atacando… como el máximo depredador que es. Y la gente que estaba allí cerca se quedó atónita, preguntándose cómo pudo suceder algo así.

¡León malo! ¡Detente!

¡Siéntate! ¡Quieto!

Y eso es lo que a veces queremos creer acerca del pecado. Nos entristece ver cómo nos hace daño o cómo nos hizo herir a alguien a quien amamos. Pero ¡vamos!, no es tan fiero el león como lo pintan. Si lo observamos con más cuidado, podremos mantenerlo bajo control.

No hay problema. No volverá a suceder. Si lo manejamos un poquito mejor, vamos a estar bien. No hay que exagerar.

Pero el pecado no se puede amaestrar, es necesario matarlo. No va a orinar solo sobre el papel, sino que va a arruinar la casa por completo. La única manera de cambiarlo es deshaciéndose de él, no limpiando lo que ensucia y tratando de enseñarle a tenerte consideración. La tristeza viene por tratar el pecado con ligereza; el cambio se produce cuando tomamos en serio el pecado.

La tristeza mal ubicada

Esa es otra reacción de la «tristeza del mundo». Tú lamentas que el pecado ocurra en tu vida, claro. No dices que hayas hecho lo correcto, pero nada de esto habría sucedido *en absoluto* (piensas tú) si tu cónyuge no gastara tanto dinero, si tus hijos no hubieran ido al patio del vecino, si tu empleo no fuera tan estresante todo el tiempo o si tus padres no hubieran sido tan autoritarios.

Escúchame, en resumidas cuentas, nadie puede obligarte a *hacer* nada, excepto tú mismo. Las demás personas y las situaciones externas pueden ponerte mucha presión y, claro, pueden ejercer una gran influencia. Pero a la larga, tú eres el responsable de tus pensamientos y de tomar las decisiones.

Sin embargo, la tristeza del mundo no funciona así. Sería mucho más fácil culpar a alguien más, incluso a veces disfrazándola de disculpas diplomáticas como: «Perdona si te ofendí...» o «Si acaso he hecho algo...».

Claro. ¿Por qué aceptar las consecuencias de tu propio pecado cuando puedes volcarlo sobre otra persona? ¿Para qué molestarte en analizar con profundidad lo que hiciste, cuando es mucho más fácil culpar a otros por la manera en que se interpretaron las cosas? ¿Para qué asumir la responsabilidad de tus acciones cuando hay tantos otros lugares a donde puedes ir y mantener la conciencia tranquila? Puedes llamarlo como quieras, pero la tristeza compartida no es más que orgullo con la cara triste. Y es del mundo. Nos mata.

Es importante reconocer que estas cuatro acciones anteriores (y otras como ellas) no son exclusivas de los no cristianos. Incluso como creyentes, podemos comportarnos de manera «mundana» con nuestra tristeza, así como podemos ser mundanos en muchas otras áreas. Pero fíjate en esto: solo los cristianos tienen la posibilidad de «entristecerse» de una forma que produzca un cambio verdadero y duradero. Solo el evangelio puede impedir que las ruedas den vueltas sin necesidad, desperdiciando sudor y energía valiosos en una causa perdida. Solo como almas redimidas llevamos por dentro una esperanza genuina y la oportunidad de vivir una vida sin pesar. Porque, a diferencia del resto de la humanidad, los cristianos no estamos confinados a respuestas penosas que no pueden hacer nada más que matarnos un poquito cada día: esforzándonos tanto en actuar como si no fuéramos pecadores o como si nuestro pecado no fuera gran cosa; al menos, no tan malo como parece cuando estamos más decepcionados por ello.

Pero sí, lo es.

Es malo, muy malo.

Y mientras más pronto nos demos cuenta de esto, más pronto podremos comenzar a experimentar una renovada confianza en nuestra relación con Cristo, incluso en nuestra necesidad de arrepentirnos de nuestros pecados y suplicar Su ayuda para que fortalezca nuestras áreas débiles. Eso es exactamente lo que se espera que nos suceda como creyentes en Él. Y debido a Su evangelio, que es lo que en realidad (por fin) sucederá.

El arrepentimiento no es solo un curso para principiantes, el arrepentimiento es un aprendizaje que abarca toda la vida. La meta de la vida cristiana no es pasar el punto de la necesidad de arrepentimiento, sino darse cuenta de que Dios nos ha hecho capaces, por medio de Cristo, de arrepentirnos correctamente, conforme al arrepentimiento que la Biblia llama «piadoso» por naturaleza; lo que el apóstol Pablo describió como «el arrepentimiento que conduce al pleno conocimiento de la verdad» (2 Tim. 2:25), el arrepentimiento que produce un verdadero cambio, un cambio de raíz. Es allí donde un cambio nos puede ayudar a crecer en carácter, consistencia y confianza en el poder y la fortaleza de Jesús, trabajando por completo en nuestra lamentable debilidad.

Eso no es vergüenza y pérdida de un mal cristiano.

Eso es misericordia y gracia de un Dios bueno y redentor.

La buena tristeza

Entonces, si la tristeza es el resultado seguro de nuestros inevitables encuentros con el pecado y las malas actitudes, prometamos que no vamos a desperdiciar más tiempo en esas estúpidas y viejas reacciones que jamás producirán ningún cambio significativo ni lograrán nada que no sea matar el alma y seguir haciendo daño a los que nos rodean. En lugar de ello, en vez de sentir la necesidad de parecer invencibles y fingir que somos otras personas, o en vez de darnos completamente por vencidos y pensar en lo decepcionado que debe estar Dios de nosotros, comencemos a tomar una alternativa redimida para lidiar con la realidad de nuestra carne obstinada, resistente y susceptible. ¿Qué pasaría si supiéramos que la tristeza que sentimos por el pecado y la debilidad que todavía existe en nuestra vida podría, en realidad, ser piadosa y estar inspirada en el evangelio?

He aquí varias maneras bíblicas de mirarlo.[1]

1. La tristeza piadosa tiene una visión clara

La tristeza del mundo, claro está, es una profesional experimentada en el autoengaño y en restarle importancia a las cosas. Pero aun cuando observar nuestro pecado en todo su horror puede resultar algo muy doloroso, ojalá que nunca pasemos por alto la misericordia divina comprometida cuando Dios nos quita las vendas de los ojos para que podamos ver nuestros razonamientos y justificaciones, y nos da claridad para reconocer con exactitud lo que estamos haciendo.

En realidad la Biblia dice que es la persona malvada la que *«… en sus propios ojos la transgresión* le engaña en cuanto a descubrir su iniquidad *y* aborrecerla» (Sal. 36:2). Pero fue el *hijo* pródigo —el que se había alejado de su padre y, sin embargo, mantuvo su derecho de heredero producto de su relación familiar—, el que «volvió en sí» en la pocilga y se dio cuenta de que había pecado, no solo contra su padre, sino también «contra el cielo» (Luc. 15:17-18).

La Palabra de Dios obrará así por nosotros. Es quirúrgica, hiere y es reveladora. Deja ver nuestro interior como en una resonancia magnética. Y no omite ni un solo detalle feo en el proceso. Todo sale a la luz y queda a la vista.

Pero no te atrevas a despreciarlo, porque Dios no lo hace para avergonzarnos, lo hace para redimirnos. Esa es una prueba de primera mano, no de la condenación incriminatoria de Dios, sino de Su preciosa gracia que toma la cuidadosa iniciativa de señalar los lugares donde estamos mal para poder mostrarnos con precisión lo que necesitamos de Él y cómo nos puede sanar.

Si alguna vez sientes que la Escritura te sujeta la espalda al asiento mientras la escuchas en la iglesia, cuando oras en casa o cuando lees en el bus que te lleva al trabajo, no te alejes ni intentes cambiar la estación para evitar la exposición. No. Escucha. Absórbela. Recíbela. Aprópiate de ella. Luego, ofrécela a Él en arrepentimiento. Tu Redentor, el único que puede restaurarte, está presente para liberarte del peso condenatorio de la palabra.

2. La tristeza piadosa produce dolor

En las Escrituras, cuando la gente reconocía lo espantoso que eran sus pecados, cuando Dios les abría los ojos lo suficiente como para que ellos por fin lo *vieran*, las personas se quedaban pasmadas, horrorizadas y desconsoladas. Sentían la «amargura» de alma que está envuelta en el significado de «tristeza piadosa», definida en la Biblia como nuestra debida respuesta al pecado.

Y tal vez ninguna de esas personas fue más notable que la mujer, la prostituta que se escurrió por detrás de Jesús durante una reunión en la casa de un fariseo, llorando, y luego se arrodilló para ungir Sus pies con un ungüento costoso, limpiándole las lágrimas con el cabello. Los hombres petulantes y justos en su propia opinión que se encontraban presentes, puesto que conocían bien la reputación y la actividad de aquella mujer, no podían creer el espectáculo que estaba dando y no podían creer que Jesús permitiera que sucediera algo así en la casa de una persona tan distinguida y en una reunión social tan refinada. Pero todo lo que esa mujer sabía, todo lo que veía, era que ella era «pecadora» (Luc. 7:37). La contemplación de sus fracasos se convirtió en la tristeza de su corazón.

Tan pronto como somos sorprendidos por la misma visión de nosotros mismos, es cuando nuestra primera respuesta puede ser igual que la suya: fe, liberación total, pesar, adoración. Conociendo que la respuesta de Jesús será también la misma: «Tus pecados han sido perdonados … tu fe te ha salvado … vete en paz».

3. La tristeza piadosa confiesa pronto

Después de *ver* tu pecado y haberte *dolido* con él, lo peor que puedes hacer es tratar de *tapar* tu pecado con la esperanza de que nadie averigüe quién eres tú en realidad. Pues resulta que la mejor manera de evitar ser descubierto como una persona falsa es no serlo, ser honesto con las personas acerca de tus luchas, al tiempo que eres igual de honesto en tu alabanza a Dios por lo que Él está haciendo en ti, a pesar de tus muchos líos y problemas.

Es allí donde la iglesia interviene de una manera tan hermosa, porque nos pone cerca de personas que pueden ayudarnos a soportar los agobiantes problemas de nuestro corazón. Personas a quienes podemos confesar nuestras batallas con el pecado y confesar nuestra necesidad de un Salvador, mientras hacemos lo mismo por ellos. Cuando la única persona que en verdad sabe todo sobre nosotros es la persona que usa nuestro cepillo para el cabello, somos presa fácil del Enemigo, listos para que nos supere en astucia e inteligencia. Es así como seguimos siendo esclavos de nuestros repetidos fracasos, al resistir el amor redentor de Dios y el apoyo necesario y alentador de los demás. Porque incluso si somos conocidos en un 99 %

(o mucho menos, lo cual suele ser el caso) por nuestro cónyuge, nuestros amigos, nuestra familia y la gente que nos rodea, todavía no somos conocidos por completo. Todavía nos ocultamos. Todavía nos cubrimos.

No queremos que lo sepan *todo*.

Sin embargo, la tristeza verdadera por el pecado suplica que la den a conocer, tanto de manera vertical, ante Dios, como horizontal, ante los demás. De manera que subraya esto: no tienes probabilidad de experimentar un cambio real en tu vida si te empeñas en proteger tu imagen, hacerle publicidad a tu marca espiritual y dar la impresión de que tú eres mucho más impasible a la tentación de lo que sugiere la realidad que vives y conoces. Ni siquiera Satanás puede apalearte con condenación cuando aquello por lo cual te acusa es lo mismo que tú admites con honestidad ante Dios y ante los demás, al tiempo que confías en que el Señor te va a ayudar. Esa es una de las mejores medidas que puedes tomar contra el pecado en tu vida. Esto es arrepentimiento responsable.

4. La tristeza piadosa nos hace ruborizar

El apóstol Pablo dijo en 2 Corintios 7:11: «Porque mirad, ¡qué solicitud ha producido en vosotros esto, esta tristeza piadosa, qué vindicación de vosotros mismos, qué indignación…». Sí, si le permites convertirse en vergüenza, entonces tu frustración contigo mismo, esa «indignación» puede contorsionarse y convertirse en una espiral mortal y llevarte, irónicamente, a repetir la misma conducta destructiva que te hizo tropezar al principio. Puede engañarte y hacerte escabullir hacia la comida, las drogas, la pereza, la pornografía (o lo que sea), para alejar tu mente de lo mal que te sientes por abusar de la comida, las drogas, por ser perezoso o por mirar pornografía. Es una locura.

Es mortal.

Pero en manos de nuestro Redentor, el rostro ruborizado de indignación es capaz de desafiar las leyes de la vergüenza y la gravedad. En lugar de hundirnos más en nuestro pecado y en nosotros mismos, nos impulsa hacia adelante, nos da una terapia de choque que nos devuelve la sensibilidad. Finalmente, hace hincapié (al contrastarla con nuestras decepcionantes imitaciones) en la belleza de lo que nos hemos perdido y en lo que ahora más deseamos.

Sí, el pecado te puede llevar a tener los hombros encorvados, la cara larga, la cabeza baja por la derrota y la incredulidad. Pero el Señor, como afirma David el salmista, es conocido como el que «levanta» nuestra cabeza (Sal. 3:3), colocando Su mano debajo de nuestra barbilla, levantando nuestra mirada para que se encuentre con la Suya y llamándonos con amabilidad hacia la vida que Él deseaba para nosotros desde el principio.

Al final, la tristeza piadosa produce dentro de nosotros tal *aborrecimiento* por nuestro pecado, que entonces recibimos de Dios la motivación renovada para *volvernos* de verdad de nuestro pecado. Eso no significa que nunca más nos sentiremos atraídos hacia el pecado o que en la combinación adecuada de estados de ánimo y situaciones no vamos a volver a sentir con tristeza que lo merecemos, poniéndonos inquietos por su presencia. Pero cuando Hebreos 12:2 dice que Jesús fue a la cruz «menospreciando la vergüenza», parte de lo que Él despreciaba, detestaba y por lo que se sentía motivado (con muecas de dolor, intentando eliminarlo) era la vergüenza que sabía que nosotros experimentaríamos por ser adictos a dioses sustitutos. Dios aborrece lo que nos hacen sentir esos dioses sustitutos, aborrece lo que nos hacen pensar. Con Su muerte nos ha dado la manera de combatirlos y atacarlos, vencerlos, alejarnos de ellos... y desear que esos leones estén muertos.

Y mientras le permitamos matar más leones por nosotros, negándonos a conservarlos en caso de que los necesitemos después, con mayor frecuencia podremos comenzar a darle marcha atrás a la rueda del arrepentimiento. En lugar de tener que lidiar siempre con el mal sabor que deja el pecado (la lesión, el dolor, la pérdida y la humillación), podemos anticipar con más frecuencia sus consecuencias, acudiendo a Dios en obediencia y rendición, incluso mientras la tentación todavía está en proceso de calentamiento. Podemos darle cabida a Dios en vez de a nuestros apetitos. Podemos renunciar a nuestra insegura necesidad de control y comodidad, rindiendo nuestros temores a la soledad y al rechazo, echando nuestra ansiedad sobre el Señor y luego ver si no nos sentimos muchísimo mejor a la mañana siguiente.

Pero de cualquier manera, el fruto de acudir a Dios *antes* de pecar, *después* de pecar, incluso justo *en medio* de nuestro pecado, es donde los cristianos experimentamos a qué sabe el honor que teme a Dios, la gratitud, la dependencia, la adoración, la seguridad, la confianza, la libertad y el avivamiento. Incluso esos pecados de nuestro pasado que fueron los que más hemos lamentado, los más difíciles de superar, aquellos por los que daríamos cualquier cosa si pudiéramos volver atrás y hacerlo todo de nuevo; Cristo es capaz de redimir y reescribir aun esos en secuelas magníficas y victorias inverosímiles. Él toma lo que durante tanto tiempo nos presentó batalla y nos da, en vez de ello, una razón para celebrar lo que Él ha hecho.

Celebrar nuestra redención y a nuestro Redentor.

Entonces, si tal vez estuviste pensando que tu trabajo es mantener a Dios impresionado o si estás tan harto de lo que has llegado a ser que casi perdiste la esperanza de intentar alguna vez cambiar a esa persona, date cuenta de que hay «*más* gozo en el cielo por un pecador que se arrepiente que por noventa y nueve justos que no necesitan [o creen que no necesitan] arrepentimiento» (Luc. 15:7).

Sí, hasta la lucha es algo para celebrar.

Capítulo 5

Los beneficios de creer

Justificación y adopción

«Arrepentíos y creed», dijo Jesús. Todo tratamiento apropiado del evangelio tiene que incluir «creer» como parte esencial de la discusión, tanto lo que es como lo que no es. Las personas bien intencionadas pueden sostener una serie de interpretaciones bíblicas diferentes sobre cómo funciona la redención, quién hace qué, qué sucede cuándo, la manera en que se hace la transacción por la eternidad. Pero en algún lugar de la comprensión ortodoxa de Cristo y el evangelio está este elemento vitalmente importante: el flujo auténtico de la creencia desde el redimido al Redentor.

«Cree en el Señor Jesús, y serás salvo…» (Hech. 16:31).

No se puede decir de una forma más clara.

Sin embargo, mientras más profundizamos en lo que implica la salvación y su significado, mientras más comenzamos a infundir en realidad sus promesas y beneficios en cada extremidad de nuestras vidas, desde la punta del pelo hasta la punta del dedo meñique del pie, algo extraordinario le sucede a nuestra creencia. No nos referimos a las personas que tratan el cristianismo como algo añadido, aplastado en su billetera junto con las demás tarjetas e identificaciones. A personas como esas, el evangelio les seguirá pareciendo benigno y rutinario, indiferente, básicamente descafeinado, muy forzado y olvidable. Es como si estuviera metido entre bloques de agendas apretadas, junto con la práctica de fútbol de los niños y las clases de piano. Si no fuera por la Nochebuena que todos los años produce un poquito de emoción, su fe pasaría de largo hasta el mes de febrero sin provocar nada más que unos cuantos parpadeos al alejar la mirada de aquello en lo que están enfocados.

Sin embargo, cuando la gente deja de poner a un lado la fe cristiana, de guardarla para después, de tomarla en muy pequeñas dosis…

Cuando dejan de comportarse como si fueran el gobernante soberano de sus propias vidas, tomando todas las decisiones, dignándose a dedicarle a Dios unos cuantos minutos devocionales de vez en cuando, si es que no tienen mucho sueño por la noche…

Cuando su relación con Él se convierte en lo que de verdad impulsa y determina todo lo demás, entonces comienzan a descubrir algo asombroso sobre las afirmaciones del evangelio. Comienzan a darse cuenta de que es más que solo algo en lo que creer. En verdad es, de muchas maneras…

Increíble.

Eso fue lo que al final le pasó a Adán con el evangelio. Adán había asistido a la iglesia con bastante regularidad cuando era pequeño. Pero debido a que su familia siempre estaba en crisis y con el matrimonio de sus padres al borde del divorcio la mayor parte del tiempo, la falsa amabilidad y los clichés de los domingos por la mañana siempre le parecieron una especie de universo alternativo, extrañamente desfasado de lo que sucedía bajo la sombra de los árboles y los techos de la gente. Por eso, cuando alcanzó la edad y la libertad suficientes como para tomar sus propias decisiones, Adán terminó abrazando conciertos de bandas musicales y estudios filosóficos, junto con las estimulantes discusiones del agnosticismo que le parecieron que encajaban mucho mejor con la vida real que lo rodeaba. O al menos parecían más honestos.

Eso, por supuesto, no quería decir que fuera más feliz. Para cuando llegó a comprender el evangelio, ya se había habituado a usar drogas, tenía problemas con la pornografía, afrontaba una lucha diaria con la ansiedad y la depresión, vivía con su novia en la ciudad de Nueva York y había perdido toda esperanza de que Dios (o alguien) pudiera amar a una persona que estaba tan atormentada por la culpa y era tan despreciable.

No obstante, poco a poco pero con firmeza, en los días más brillantes que le siguieron, las verdades «increíbles» de la redención comenzaron a asentarse con más y más profundidad en su alma. No solo Dios lo amaba, sino que lo amaba cuando él estaba en su peor momento y le estaba ofreciendo a Adán una vía de escape, por medio del arrepentimiento, a una vida que no solo *sonaba* segura cuando la exponía la Escritura, sino que en realidad *se sentía* segura cuando la ponía en práctica.

Lo primero que hizo fue confesarle a Heather, su novia, su adicción a la pornografía. Comenzó la recuperación junto con otros cristianos que podían ayudarlo a convertir su pasión renovada por la pureza en un estilo de vida. Heather no era creyente, la verdad es que no comprendía todo lo que significaba aquello, pero se alegraba de verlo trabajar con ahínco para superar algo que no era bueno para él, para ella ni para ellos.

Sin embargo, un día Adán llegó a casa y le dijo algo más: debían dejar de dormir juntos. La Palabra de Dios le había dado la convicción de que su relación sexual estaba fuera de los límites de lo correcto. No solo eso, sino que, con el tiempo, Adán había llegado a la conclusión de que se estaba burlando de los propósitos de Dios para el matrimonio. A menos que ambos mantuvieran un pacto con Él y el uno con el otro, su noviazgo no podía continuar y ser agradable al Señor.

Aquella no era una jugada legalista. Él solo quería experimentar más y más de Dios, cumplir con su deseo reavivado de ser obediente, de seguir adelante. También deseaba más para Heather. No quería que ella estuviera atada a alguien que vivía una doble vida, que la estaba llevando a pecar, que decía con palabras que la amaba, pero en realidad no le importaba lo que a la larga fuera mejor para ella.

En este momento de la conversación, Adán se sentía quebrado y lloraba: quería a Dios, quería a Heather, quería el matrimonio, pero sentía que su relación iba a tener que cambiar de una manera tan drástica que tal vez ella no aceptaría. Él estaba seguro de que Heather no iba a tolerar esa clase de exigencias solo porque su vida había cambiado por esa cruda idea de que había un Dios que lo amaba, que había muerto por él, que lo había perdonado y lo estaba transformando en alguien nuevo y diferente por completo. Él estaba seguro de que aquel rápido cambio de acontecimientos tipo resorte iba a ser más de lo que ella podía soportar. No más relaciones sexuales, no más apartamento, no más de lo que ellos habían visto, hecho, sido y amado.

Increíble lo que estaba pasando.

Sí.

Tan increíble que Heather lo creyó también.

Se sentaron juntos en el suelo: no hubo rabietas, ni golpes de maletas que se cerraban, ni gritos, ni tiradas de puertas. En lugar de ello, Heather tomó sus manos en las suyas, lo miró profundamente a los ojos y dijo: «Adán, si quieres tanto a Dios... entonces yo también lo quiero». Increíble.

Lo que Dios hace por nosotros por medio de la redención, en conjunto con la cooperación de nuestra creencia, es difícil de creer. Es irreal e increíble. Cómo nos ama y nos cambia.

Y todo lo que queremos hacer en este capítulo es simplemente tomar un par de esos principios del evangelio, sacártelos a ti de la caja de regalos, colocártelos sobre el regazo donde los puedas sacar, sentir el peso, sacudirlos con las manos y verlos desde todos los lados.

Estas dos verdades bíblicas, que comienzan como el terreno sólido que hay debajo de tus pies espirituales, son las que se juntan de una manera increíble para formar el trampolín del cambio.

La justificación

Justificación es un término jurídico el cual, a juzgar por la cantidad de temporadas de CSI y NCIS (series que celebran la justicia policíaca) que han dominado la televisión norteamericana desde principios del presente siglo, no debe ser muy difícil de entender para nosotros.

La cultura moderna está enamorada de la ley y la justicia. Si llevan a juicio a una mujer hermosa, pero no muy inteligente, por matar a su amante, la cobertura que le daría la prensa haría parecer la cobertura del asesinato de John F. Kennedy como un comercial de supermercado. Veríamos a seis comentaristas en la pantalla, cada uno argumentando por encima del otro, todos al mismo tiempo, analizando de una forma minuciosa cada parpadeo y expresión fácil de la acusada en la corte.

Nos encantan los casos grandes, nos encantan los informes de investigación, el tipo de informe donde un funcionario del gobierno que se niega a contestar preguntas sobre su participación en un supuesto encubrimiento o una serie de cargos personales que lo condenan, es perseguido por un periodista gráfico a lo largo de un estacionamiento, dando empujones con la cámara. Nos encanta ver a los malos, ya sea en la pantalla gigante o en las noticias locales, rodeados y encarcelados.

Esto sucede porque somos personas que comprendemos la ley. Queremos rectitud. Queremos que la verdad salga a la luz. Queremos que el ofendido sea vindicado y que alguien pague.

Queremos *justicia*.

Y ¿sabes qué? El evangelio nos la da, de la manera más increíble.

La idea bíblica de la justificación significa, en pocas palabras, que el martillo del juez ha dado el golpe señalando un veredicto, fuimos perdonados por completo, declarados *inocentes*, lo cual a primera vista, aunque por un lado suena demasiado bueno para ser verdad, por otro suena al chiste judicial del siglo. Creíamos que Dios estaba en todas partes, que nada se escapaba de Su vista, que incluso aquellas cosas que hacíamos en la oscuridad eran filmadas para ser transmitidas después cuando todo saliera a la luz. ¿Cómo es posible, basados en la superioridad de la prueba que podría presentarse contra nosotros, que podamos terminar con un veredicto de no culpabilidad? ¿Acaso estábamos en Su punto ciego? ¿Nos hemos salvado por un tecnicismo o algo así?

El secreto, por supuesto, el misterio, es que el Juez no tomó Su decisión en base a lo que *hemos* hecho, en *nuestra* inocencia (ya que «el hombre no es justificado por las obras de la ley», Gál. 2:16), sino por el sacrificio y la sustitución voluntaria del Cristo inocente y crucificado. Seguimos siendo infractores de la ley. Nos mantenemos como tales, incluso al tratar de combatir contra ello, aun estando de este lado de nuestra creencia y salvación. Pero las «buenas nuevas» son que Jesús ha venido a nosotros, Dios hecho carne, y ha bebido todo el lagar de la ira que merecen nuestros pecados. Como resultado de ello, y de manera increíble, Dios nos ha imputado (nos ha acreditado, nos ha atribuido, ha puesto en nuestra cuenta) toda la inocencia, la justicia y la perfección de Cristo.

Por tanto, de forma milagrosa, se ha evitado un final desgraciado para nuestra vida. No en teoría, ni por medio de la lógica con rodeos de una charla de seminario. No por medio de ilusiones espirituales ni falsas esperanzas. Tampoco bajo la condición de que crucemos los dedos y tengamos mucho cuidado de ahora en adelante. No, nada de eso. Su resurrección (como si Su crucifixión no fuera suficiente) ofrece toda la prueba objetiva que necesitamos para confirmar que sus promesas son verdaderas, que Su capacidad de conquistar la muerte es real y que Su expiación por nuestros pecados está vigente de manera activa.

Hemos sido *justificados* delante de Dios, hemos sido perdonados y se nos ha atribuido justicia. Puedes estar seguro de ello. Se hizo justicia con la marca del evangelio de una manera increíble... y es inmerecida.

Pero, ¡espera un momento! Eso no es todo.

Una nueva identidad

Si uno escucha la mayor parte de los testimonios de cristianos o ahonda en su propio corazón, la mayoría de nosotros diría que hemos llegado a entender al menos el concepto de que Dios, por alguna divina razón, decidió perdonar nuestros pecados. Podemos ver la cruz. Sabemos lo que representa. Comprendemos que no la merecemos, pero la aceptamos. Nos encanta y amamos a Dios por hacerla una realidad.

Por justificarnos y vernos puros e intachables.

Pero en el momento en que fuimos justificados, sucedió algo más al mismo tiempo. Fue algo más que justificación, una cosa detrás de la otra, sin que podamos distinguir los momentos. Pero desde el punto de vista de la experiencia, la manera como lo sentimos, la manera como lo vivimos la mayoría de nosotros a costa de mucho gozo y alivio, libertad y bendición, por lo general tardamos años, a veces *muchos* años, tal vez *todos* los años, antes de que podamos entender de verdad, con la mente y el corazón, este nuevo aspecto del paquete de beneficios del evangelio.

Romanos 8:15-17 lo define así:

- que hemos recibido «el Espíritu de *adopción*»
- que ahora somos «hijos de Dios»
- y «si hijos, también herederos»
- somos «coherederos con Cristo»

Nosotros dos (Matt y Michael) somos papás. Ambos tuvimos en brazos a nuestros hijos recién nacidos. En esos momentos nos dimos cuenta de que valía la pena dar la vida por esos entrañables niños (o quitársela a alguien) con el fin de protegerlos.

Piensa en esto: esos niños no habían hecho nada por nosotros cuando los cargamos en nuestros brazos por primera vez, cuando los amamos por primera vez. De hecho, hasta ese momento, solo nos habían dado problemas, sobre todo claro está, a nuestras esposas, pero a nosotros también, por causa de la estrecha proximidad con la situación. Nos habían costado sueño (y nos iban a costar más sueño). Ya nos habían costado dinero (y nos iban a costa mucho, mucho más). Ya habíamos tenido que dedicarles sábados y noches de la semana, momentos cuando tal vez queríamos hacer otra actividad pero, en vez de eso, había que ir a comprar cosas para el bebé, había que limpiar armarios para el bebé, había que ensamblar muebles para el bebé. Aquellos chiquitines ni siquiera habían pronunciado una palabra todavía, no nos habían coloreado nada, no habían obtenido una buena nota, no habían envuelto ni un par de medias para regalarnos en el Día de los Padres.

Pero ya los *amábamos*.

Eran nuestros, eran especiales.

Nos hacían llorar de puro gozo.

No obstante, nosotros dos como padres, podríamos mirarnos el uno al otro ahora mismo, incluso después de muchos años de criar hijos, y sentir lo mismo que probablemente estés sintiendo tú. Todavía nos cuesta creer que Dios nuestro Padre pueda amarnos y sentir por nosotros el mismo gozo y orgullo, la misma necesidad de protegernos y la misma disposición que nosotros sentimos por nuestros hijos. De hecho, mucho *más*.

Es increíble.

Dios, no solo nos ha dado un respiro, sino que nos ha dado identidad.

No solo es nuestro Juez, sino que es nuestro Padre.

Y tal vez a ti, esa idea no te parece francamente una noticia alentadora como podría, casi de manera inmediata, parecerle a otros. Tu historia podría parecerse a la de Clarissa, quien desde los dos años creció en un hogar sin padre. Ni siquiera conoció a su padre hasta que estaba en séptimo curso, después de intentar comunicarse con él por sí misma. Al poco tiempo, Clarissa comenzó a mantener una correspondencia con su padre, comenzó a conocerlo, a ver cómo era, a descubrir cuánto de ella en realidad era parte de él: su rostro, sus manos, sus gestos y peculiaridades. ¡Era tan maravilloso, se sentía tan completa, por primera vez en la vida era la hija de un padre de verdad!

Pero a los seis meses de su primer encuentro, justo cuando iba a pasar al octavo curso, Clarissa recibió una carta de su padre en la que le decía que había cometido un error al aceptar mantener una relación con ella. Eso simplemente no iba a funcionar. Él tenía otras cosas que hacer, otras obligaciones que cumplir y ella iba a ser una complicación. Él no sabía qué había esperado cuando, de forma vacilante, aceptó que se visitaran; pero ahora, ella tenía que saber qué podía esperar en lo sucesivo. Él no deseaba tener más comunicación con ella, de ninguna clase.

Adiós, Clarissa.

Para siempre.

Ya sabes cómo son los niños. Sueñan, se imaginan cosas, se permiten tener esperanzas. Clarissa siempre había pensado que aquel hombre, aquella leyenda de hombre, su padre, llegaría un día en su caballo blanco a rescatarla de su vida medio vacía. Pero ahora, había pasado de largo. No había cuento de hadas que vivir, ni un príncipe para esa princesa. Se bajó el telón de lo que podría haber sido felicidad sin fin. Su vida comenzó a oscurecerse aún más hasta llegar a ser una pesadilla: rabia, odio, quebrantamiento, autodestrucción, drogas, abandono de la escuela, embarazo, suicidio... o al menos, algo muy cercano a eso.

Pero lo que ella aprendió como una joven redimida, lo que Dios nos ayudará a todos a aprender, si se lo permitimos, si creemos, es que Él es el padre que nuestro propio padre habría sido si no fuera porque el pecado lo echó todo a perder... el pecado que nos echó a perder a todos nosotros. Dios llegó a nuestra vida para *redimirnos*, incluso de padres buenos, de padres fieles, que hicieron lo mejor posible, pero que incluso, al amarnos, no pudieron hacerlo de la manera en que nos ama nuestro Padre.

La manera como te ama a *ti,* si tú eres Su hijo.

Esa es tu identidad: un hijo, una hija de Dios, del Rey del cielo, el Gobernador de todos, el Juez de toda la tierra. Puesto que puede y quiere hacerlo, Él también es Padre... Padre de Sus hijos.

Si tú no sabes esto, todavía no lo puedes creer o no puedes actuar en consecuencia ni permitirte sentirlo, Él ha proporcionado una manera de comunicarte esa verdad donde tú la puedas comprender en tu interior, por mucho que te hayan rechazado, desilusionado, traicionado o maltratado.

Dios no solo te dio una nueva identidad, sino que te dio Su Espíritu. Y ese Espíritu de adopción «da testimonio» de que somos «hijos de Dios» (Rom. 8:16).

Parte de la familia

La persona que esta mañana corrió cuatro kilómetros, levantó pesas o hizo bastante ejercicio físico, y luego se comió un plátano y un bizcocho integral en el desayuno antes de salir, probablemente hoy se esté sintiendo muy bien consigo misma, por la condición de su cuerpo físico... o al menos se siente bien por la dirección que está tomando.

¿Por qué?

Porque el ejercicio y la dieta de esta mañana y quizás de muchas mañanas, *dan testimonio* de su identidad como alguien que valora (o está aprendiendo a valorar) la buena mayordomía de su cuerpo, alguien que da prioridad a mejorar y mantener su salud y bienestar.

Pero, ¿qué de la persona que apenas trata de comer sano, si es que lo intenta alguna vez, o apenas trata de hacer ejercicio o de usar las escaleras y que en realidad no tiene ningún deseo de ser diferente? ¿Y si en realidad es un poquito despectivo hacia aquellos que van al gimnasio y cuentan calorías y beben agua todo el día? ¿Y si se burla de las personas que, a la hora de almorzar en un restaurante, piden una bolsa para llevarse la mitad de la comida para la cena de esa noche? ¿Qué hay allí para poder *testificar* que esta persona se interesa por su bienestar en general o hace mucho hincapié en el concepto de mantenerse sano?

Muchas veces, la razón por la que nos cuesta sentir y recibir el amor de Dios, vernos como Sus hijos amados y adoptados, es porque en nuestra vida diaria no procuramos aquellas cosas que Su Palabra describe como valiosas y significativas. No mostramos respeto ni estima por las cualidades que nos harían reflejar el carácter de Cristo, que nos darían un «aire de familia». Ya que nuestro espíritu está enfocado en una dirección distinta de aquella a la que el Espíritu nos atrae, distinta de aquellos lugares donde Él sabe que encontraremos deleite y confianza, estabilidad y plenitud. Entonces, ¿por qué esperar que nuestra vida encaje con el testimonio de Su Espíritu? ¿De qué manera podríamos siquiera empezar a sentirnos como uno de Sus hijos si de verdad en nuestro corazón no deseamos serlo?

Por supuesto, ninguno de nosotros se atrevería a decir que lo seguimos de una forma perfecta. Nuestra práctica nunca será impecable. Como recordarás, el arrepentimiento es un componente clave al vivir el evangelio. Pero ¿tenemos el deseo? ¿Lo queremos? ¿Se inclina nuestro corazón en la dirección de la obediencia y la confianza? Si tan solo pudiéramos lograr que nuestra obstinada voluntad coincidiera con nuestros deseos de manera confiable, ¿no querríamos eso? ¿No es por eso que luchamos tanto con nosotros mismos?

La Biblia dice que «el justo cae siete veces», lo cual es un indicativo de que los cristianos no estamos exentos de caer de bruces de vez en cuando y a veces, una y otra vez. Sin embargo, la diferencia es que los hijos de Dios «vuelven a levantarse» (Prov. 24:16), aunque sea con las manos y las rodillas lastimadas. Tal vez en ese momento solo estemos gateando, apenas poniéndonos de pie. Pero nuestra mirada está dirigida al frente y nuestra intención es seguir adelante, «puestos los ojos en Jesús, el autor y consumador de la fe» (Heb. 12:2).

A medida que esa búsqueda de Él suceda de manera mucho más regular, una y otra vez, más claro será el testimonio del Espíritu «a nuestro espíritu» de que de verdad le pertenecemos y que de verdad somos hijos de Dios.

Pruébalo y verás.

Ahora bien, si no hay deseo, si no hay interés en seguir a Dios, no hay respeto por Él como Padre, no hay una verdadera inclinación a hacer lo que Él dice, entonces sí es justo cuestionar si en realidad tú confiaste en Él para salvación. Porque (¡cuidado!, ahí viene una verdad dura) *Dios no es Padre de todos*. No todos somos Sus hijos. Lamento decepcionar al Comité Olímpico y a aquellos a quienes les gusta mencionar Su nombre en sus discursos de aceptación de los Premios Emmy. La familia de Dios es grande, pero no es universal. Dios es el *Creador* de todos, comprende eso, pero solo es el *Padre* de los que fueron redimidos por medio de Su evangelio, aquellos a quienes Él adoptó por gracia en esa relación familiar única, tierna, eterna e inalterable.

Por eso, cuando tú percibas el deseo de obedecer a tu Padre, cuando vuelvas a poner el rostro en dirección a Su voluntad, incluso después de una temporada de no hacerlo para nada y de dudar seriamente de Su confiabilidad; ese es el Espíritu de adopción que te acerca, que escucha cuando tú sufres, que es lo suficientemente franco como para decirte la verdad por más dura que sea, al tiempo que te sonríe con Su gracia y aliento y luego te da un empujoncito suave y amoroso para que sigas la búsqueda... y observa para asegurarse de que tú estés bien.

Porque esa búsqueda nos lleva a un lugar sensacional. *Increíble*. Y Él lo sabe. Nuestro Padre Dios un día volverá a crearlo todo. Va a restaurar el contentamiento pacífico y sin afanes que existía antes de que el pecado entrara en el mundo. Nos va a dar cuerpos resucitados que nunca se deterioran, ni se desgastan, ni envejecen, ni se les olvida la lista de compras en el mostrador de la cocina. Esos cuerpos no van a necesitar Botox, ni enjuagues, ni mamografías, ni exámenes de detección del cáncer de próstata. No habrá alivio para la acidez, ni ungüentos para el dolor, ni lentes para leer, ni siquiera mentas para el aliento.

Y lo que es mejor todavía, mejor incluso que darnos el cuerpo que siempre hemos deseado, mejor que vivir en el lugar más hermoso y perfecto que podemos imaginar, nos va a dar a *Sí mismo*. Podremos disfrutar un acceso completo, sin fin y visible a nuestro fuerte «Abba Padre», que es un millón de veces más valioso y deseable que todas Sus demás bendiciones juntas.

Esa es la herencia que está reservada y que espera a Sus hijos, a Sus herederos, herederos de Dios. Esa es la misma identidad que el evangelio nos otorga, como coherederos con Cristo, «si en verdad padecemos con *Él* a fin de que también seamos glorificados con *Él*» (Rom. 8:17).

¡Oh! Un momento. Volvamos allá por un segundo. «¿Si padecemos con Él?». Todo esto sonaba muy bien hasta ahora. Nos encanta oír hablar de la justificación/adopción y nos sentíamos muy bien hasta entonces. Pero ¿qué es eso de padecer? ¿Qué tiene que ver? Ya no estoy tan seguro de que el trato sea tan bueno, después de todo.

Pero sí lo es.

Fíjate en algo. Deberíamos alegrarnos de que la Biblia no evita hablar de las realidades sucias, difíciles y dolorosas de la vida en este quebrantado planeta. La Palabra de Dios es honesta. Él siempre dice la verdad. Claro, incluso Sus hijos tienen que lidiar con algunos recuerdos difíciles de su pasado y con nuevos desafíos en su presente y futuro. Ninguno de nosotros se libra de sentir pérdida, dolor, tristeza y malentendidos; de la misma forma en que nuestros hijos tienen que afrontar esas cosas en el mundo. De hecho, el llamamiento a seguir a Jesucristo, en vez de ser un boleto *que nos aleja* del sufrimiento, en realidad es una puerta que nos lleva derecho a él, de la misma manera en que Su propio llamamiento en la tierra se caracterizó por las dificultades y la resistencia, el dolor y la adversidades.

Eso es lo que el pecado le hizo a nuestras vidas aquí abajo.

Ese es su brutal legado en exhibición.

Pero lejos de ser una mancha en lo que, de otra manera, serían las cosas increíbles de Dios, esas noches oscuras del alma se convierten en momentos en los que Él nos acerca con más firmeza a Él, cuando Su Espíritu nos da testimonio, incluso con más confianza, del amor y la constancia del Padre. La razón por la que Él nos dice «tened por sumo gozo» cuando os halléis «en diversas pruebas» (Sant. 1:2), que básicamente lo abarca todo ¿no crees?, es porque Él hace algunas de Sus mejores obras en medio de nuestro peor dolor. Nuestros sentidos nunca están más despiertos a la necesidad de Su amor que cuando nuestra necesidad está más expuesta. Él no es el autor de este mal y sufrimiento, pero Él sabe cómo cambiar lo más negro en algo abundante en color y redención para Sus hijos.

Él es nuestro Padre, quien nunca nos dejará ni nos abandonará, quien nos ama y nos dio Su nombre, quien nos otorgó una nueva identidad en Cristo, quien también resulta ser nuestro Juez y, al mismo tiempo, nos declaró inocentes por completo y libres por medio del sacrificio justo y expiatorio del Señor Jesucristo a nuestro favor.

Por tanto, somos justificados ante el tribunal del cielo.

Fuimos adoptados en Su familia celestial.

Y por esas dos realidades que lo absorben todo, todos los componentes están en su lugar para que lidiemos con fortaleza y confianza con lo que sea que encontremos en el camino, incluidos aquellos muchos pecados que llegaron a ser muy expertos en derrotarnos durante tanto tiempo. Nos han aclarado el camino para arreglar las cuentas y erguir la cabeza.

Esta es nuestra oportunidad de ir y vivirlo.

De observarlo a Él velando por nosotros.

Y de observarnos cambiar.

Capítulo 6

Gira aquí

La navegación de la santificación

Imagínate que te mudaste a una nueva casa o apartamento en otro vecindario. En realidad no queda muy lejos del lugar donde tú vivías antes. Para llegar allá, tienes que transitar por las mismas calles, pasar por algunos de los mismos lugares y puntos de referencia. Pero ahora, cuando regresas del trabajo, de la iglesia o de una reunión en casa de tu mejor amigo y llegas a esa esquina en particular...

En lugar de girar a la izquierda, debes girar a la derecha.

Ese nuevo cambio de dirección parecía extraño y no era natural durante las primeras semanas. Has girado a la izquierda en ese semáforo tantas veces, durante tanto tiempo, que tiendes a hacerlo por puro hábito. A veces, si tu mente está distraída, si vas conduciendo en una especie de piloto automático o no estás prestando mucha atención, hasta te podrías descubrir a ti mismo empezando a doblar a la izquierda, como siempre, para colocarte en fila en el carril de girar o incluso podrías avanzar unas cuantas cuadras por la calle antes de fijarte y reconocer tu error. (*¡Oh! Se me olvidó.*) Durante un tiempo, cada vez que llegabas a ese punto, la decisión de en qué dirección doblar exigía un acto cognitivo de la voluntad para recordar qué hacer. Tenías que decirte, contrario a la inclinación conocida de tu antiguo patrón y tus reflejos: «Asegúrate de girar a la derecha aquí».

Porque tú habías cambiado de dirección.

Ya no vivías más en esa otra dirección.

Hay un aspecto clave del evangelio que es capturado en esta simple analogía, en lo que respecta a cómo el Espíritu Santo lo edifica en nuestras vidas con el correr de los años. Cuando Cristo captó tu corazón con Su gracia y misericordia, recuerda que fuiste *justificado* de inmediato, declarado inocente en la más suprema de todas las Cortes Supremas. Al mismo tiempo, también fuiste *adoptado*, lo cual te puso en la lista de dependientes personales de Dios, amado como el hijo del Rey en el cual te convertiste de manera instantánea. Entre estos dos increíbles cambios en tu condición y estabilidad, tu posición espiritual delante de Dios fue anclada en diez camiones llenos de concreto, lo que quiere decir que si hay algo que debes saber con certeza en la vida, es esto: nadie podrá nunca desprenderte ni sacarte del lugar adonde Él te puso. *Nadie* ni *nada*. Tú estás sembrado de manera muy profunda, sólido como una roca, en Cristo.

Sin embargo, tu Padre celestial no está satisfecho con solo saber que tu fundamento y tu futuro están asegurados por la eternidad. Lo que Él busca, lo que sabe en Su infinita sabiduría, es la explosión de gozo y aire fresco más satisfactoria que Sus hijos puedan experimentar jamás en la tierra. Esto es, la creciente realidad de una vida santa, transformada, que gira hacia lo correcto. No solo una santidad *posicional*, sino una santidad manifiesta: santidad de los viernes a las

5:00 de la tarde cuando estás con tus amigos o cuando te encuentras solo en la casa, o dondequiera que estés. Santidad. Y tenemos buenas noticias para ti: el evangelio cubre esto también.

Pero a diferencia de los dones instantáneos de la justificación y la adopción, los cuales se depositan en nuestra cuenta por completo de una sola vez, este beneficio adicional del evangelio es más bien un proceso, no un pronunciamiento.

Piénsalo en función de los hijos de Israel. Piensa otra vez en aquella parte de su historia que ocurre desde el Éxodo hasta los primeros capítulos de Josué. A través de la milagrosa soberanía de Dios, obrando por medio de la fe de los israelitas en la sangre rociada de la Pascua, el Señor los sacó de la esclavitud con una ola poderosa de liberación. Dirigió Su voluntad por medio de Moisés, las plagas, la división del mar Rojo, la derrota a Faraón y, al poco tiempo, el pueblo de Dios dejaba atrás cuatro largos siglos de cautividad en las ardientes arenas de Egipto.

Sin embargo, su parada siguiente no fue la Tierra Prometida, fue el desierto: 40 años de pruebas, tribulaciones y crecimiento diseñados con el fin «… de saber lo que había en tu corazón» (Deut. 8:2). Estos fueron también ideados para mostrarles lo que había en Su mano amorosa que los guiaba. Nosotros también podemos esperar que la misma progresión se produzca en nuestra propia vida, desde Egipto a Canaán, desde la conversión hasta el cielo y todos los puntos intermedios.

Es allí donde se produce la *santificación*, otra gran palabra del evangelio que debemos recuperar.

La santificación solo está reservada para los hijos de Dios justificados y adoptados. Porque sin Cristo, sin el evangelio, todo lo que podemos esperar hacer, incluso si damos lo mejor de nosotros, es correr a toda velocidad por la senda equivocada que no tiene salida. (¡Qué deprimente!). Pero *con* Él, con Su amor que nos atrae de manera constante hacia el cambio y la redención, en realidad podemos comenzar a experimentar, en nuestros patrones de tránsito diarios, lo que Su gracia ya logró en nosotros para toda la eternidad. Los rayos de luz y esperanza que emanan desde allá lejos en el horizonte pueden estar calentando esta misma mañana nuestro auto estacionado en la entrada, preparándonos para dirigirnos hacia sendas de justicia por el resto del día.

Y así, la promesa de la santificación es capaz de cambiar lo que tal vez hoy parezca una prueba, como una prueba de fuego, como una tentación o problema mucho más grande de lo que podemos manejar, en un ejercicio para desarrollar los músculos que fortalecen nuestro centro espiritual. Es el evangelio todavía obrando, tranquilizándonos una y otra vez mientras nos sometemos a las instrucciones de tránsito del Padre, mostrándonos que nuestra confianza está bien puesta en Su amor, sabiduría, protección y bendición.

De manera que la santificación no es algo sobre lo que nos recostamos, sino más bien algo hacia lo cual nos inclinamos. En vez de ser una acción que solo Dios puede hacer, por Sí solo (como son la justificación y la adopción), la santificación es un esfuerzo que Él hace en plena cooperación y sociedad con nosotros. Requiere que ejerzamos lo que uno podría llamar «esfuerzo impulsado por la gracia»: hecho posible, por supuesto, solo por la misericordiosa iniciativa de Dios y, al mismo tiempo, empleando en el proceso nuestro cerebro, músculos y partes del cuerpo humano.

¡Ah! Y también nuestras luces direccionales.

Aprendemos a doblar correctamente donde solíamos dar un giro equivocado.

La vida y la muerte

Nos imaginamos, puesto que has llegado hasta aquí con nosotros, que tu interés en «hacer el giro correcto» es bastante alto en tu lista de deseos. Te diste cuenta (todos nos damos cuenta) de que las decisiones que hay que tomar para cambiar de rumbo, por mucho que desees sus resultados la mayoría de los días, pocas veces son fáciles; sobre todo al principio. Avanzar en la dirección de Dios no sucede de manera automática. Conlleva trabajo y requiere esfuerzo. Se necesita creer de verdad que lo que vas a encontrar al otro lado es mucho mejor y más satisfactorio que aquello con lo que siempre terminas cuando giras para el lado contrario.

Pero esta es la vida que deseas de todo corazón, y eso hace que valga la pena el esfuerzo.

Entonces, sin detenernos mucho más tiempo en lo que es la santificación, ¿qué te parece si vamos directo a la parte sobre cómo trabaja la santificación? Y para comenzar, vamos a depositar un par de vocablos nuevos (viejos) en nuestro banco funcional de palabras.

La santificación está compuesta, para decirlo brevemente, de estos dos elementos: *vivificación* y *mortificación*.

¿Qué es…?

La vivificación

Probablemente tú no hayas visto ni usado esta palabra en una oración hace poco (o tal vez nunca), pero en resumen significa apresurarse o animar, traer a la vida. Una palabra relacionada con ese término sería *vívido*, como las imágenes visuales de alta definición. Según Colosenses 3, eso es lo que comienza a sucedernos en el ámbito espiritual cuando «buscamos» o «ponemos la mira» en esas cosas «de arriba, no en las de la tierra», cuando pasamos un tiempo reflexionando en el hecho de que nuestras mismas almas, en este preciso minuto, están «escondidas con Cristo en Dios» (vv.1-3).

La Biblia dice que tú recibiste la autoridad para poner tus pensamientos «en cautiverio» (2 Cor. 10:5), para supervisar lo que piensas, de forma que en lugar de ser «adapt[ados] a este mundo», con su amplia selección de variedades de pecado y valores miopes, tu vida pueda ser de verdad «transforma[da] mediante la renovación de [tu] mente» (Rom. 12:2). En vez de creer mentiras, en vez de alimentar distorsiones, puede elegir morar en las verdades del evangelio, las cuales siempre van a trascender cualquier tendencia que haya en las redes sociales esta tarde. Puedes estar seguro de eso.

Nos referimos a pensar en cosas nuevas, verdaderas. Es en la mente donde la vivificación comienza a florecer. Al morar en aquello que, desde la eternidad, es cierto sobre Dios y sobre nosotros, podemos ver que nuestra vida no está descontrolada ni es incontrolable o es imposible de contener, sino más bien que se puede alinear con la verdad, de manera que podemos lograr que haga lo que queremos que haga, aquello para lo cual Dios la ha *creado*, para nuestro bien y para Su gloria.

La vivificación implica llenarnos de una manera de pensar renovada, basados en realidades últimas, aquellas cosas que provocan nuestro amor, gratitud y afecto por Jesucristo; al tiempo que *desenchufamos* la mente de la combinación de sonidos impertinentes, ruidosos, malos consejos, rumores, cuentos de viejas, trivialidades, opiniones de otras personas, acusaciones diabólicas, noticias de último minuto y todas las influencias impías que permitimos que repiqueteen alrededor de nuestro cerebro todo el día, desde comerciales de cerveza y avances de películas, a preocupaciones temporales y toda una gama de deseos codiciosos.

Es por eso que la Palabra de Dios es tan esencial en la vida diaria de un creyente. Porque desde el mismo momento en que tú cierras la Biblia por la mañana, entras en un mundo que lucha, en cada giro, contra toda la verdad y la enseñanza que ella representa. Si no tienes el mensaje de Dios dentro, donde puedas meditar en él, regresar a él y recordarlo con frecuencia, no podrás discernir lo que es verdad de lo que podría ser realmente intrigante, seductor, convincente, pero falso. Y muy contraproducente.

Hacerte cargo de tu mente, asegurándote de que tus pensamientos señalan hacia donde está Jesús y van en pos de Él, es la manera de recordar dónde está tu nueva casa (en esta calle, no en esa), entendiendo que tienes que girar a la *derecha*, no a la *izquierda*.

Cualquier pensamiento entre un millón puede hacer que te pierdas si lo sigues hasta sus lógicas conclusiones. Pero solo la mente capacitada en Jesús te va a llevar a casa.

La mortificación

Si puedes pensar en la *vivificación* como el alimento fertilizante que da vida a las plantas que tienes en tu jardín, la *mortificación* es el proceso agotador de arrancar la mala hierba. Lo que debe quedar claro es que no puedes hacer lo uno sin lo otro. Porque si lo único que haces es echarle agua a tu suelo espiritual con más lecturas bíblicas y notas de sermones, pero no limpias de manera activa las actitudes y conductas espinosas y densas que no deberían estar ahí; entonces, lo único que logras es dejar el suelo abarrotado de más cosas de las que puede soportar, secando todos sus nutrientes.

En resumen, garantizando que nunca vas a estar contento con lo que crece allí.

Hay cosas que es necesario «considerar muertas» en nosotros (Col. 3:5). Cosas que hay que sacar y hay que pegarles en la cabeza un par de veces. *Bang, bang.* No queremos decir con eso que uses violencia contigo mismo, pero cuando se trata de cómo lidiamos con los invasores y violadores que se entremeten en nuestra libertad espiritual, nuestra tendencia es ser demasiado amables y flexibles con ellos… y sentirnos demasiado confiados en nuestra propia capacidad para impedir que vuelvan a levantar la cabeza del suelo.

El único pecado saludable es el pecado muerto. Y mientras más toleremos esa basura en nuestra vida, mientras más tiempo esperemos para matar al león, más tiempo necesitaremos antes de poder llegar a aquella misma intersección, sentir que nuestra mirada se va en la dirección donde solíamos vivir y, aun así, girar a la derecha con confianza, o al menos con una mano confiada más firme, disciplinada y determinada.

Camino a casa.

La Biblia es, claro está, tan importante para la mortificación como lo es para la vivificación. La Escritura puede ayudarnos a delinear muchas cosas en nuestra vida que solo son buenas para ser arrancadas y quemadas en el patio trasero: «la fornicación, la impureza, las pasiones, los malos deseos y la avaricia… ira, enojo, malicia, maledicencia, lenguaje soez de vuestra boca» (Col. 3:5, 8). Abierto y cerrado; tema cerrado, blanco y negro.

Pero es posible que tú también encuentres, a medida que maduras en la fe y creces más en el proceso de la santificación, que el Espíritu de Dios te va a dar una señal de alerta cada vez más frecuente ante algunas de tus actividades y entornos, ante algunos hábitos y pasatiempos que, aunque no son malos desde el punto de vista moral, les hacen daño a tu persona y a tu propio corazón. Y podrían ser puestos para ser sacrificados.

Por ejemplo, no hay ningún versículo bíblico que prohíba dormir hasta las 10:00 de la mañana los sábados, ni comprar un billete de lotería, ni escuchar música que te recuerda tu vida desordenada, ni comprar dos bolsas grandes de palitos de queso cuando están en descuento. Pero por la razón que sea, para ti, esas cosas de manera evidente te restan tu celo por Cristo cuando las haces, cuando las miras o cuando juegas cerca de ellas o te acercas a ellas. Puedes sentir un giro palpable hacia la autogratificación y la concesión después de que hiciste alguna de esas cosas. Participar en ellas simplemente enciende viejos sentimientos que compiten con tu pureza y diluyen tu deseo espiritual.

Por eso, a menudo es sabio *mortificar* esa distracción en particular, sea cual fuere, con el fin de mantener el corazón *activo* en tu comprometida trayectoria hacia el Señor. Podría parecerles raro a los demás. Tal vez crean que eres demasiado introspectivo o que estás llevando tu fe demasiado lejos. Pero ¿qué vale más para ti? ¿Mirar un programa de televisión los sábados por la noche o preparar tu corazón para la adoración del domingo en la mañana? ¿Mantener rotando de manera habitual uno o dos sitios web o ni siquiera sentirte tentado a mirar las fotos de chicas lindas otra vez?

La vivificación y la mortificación son, de forma bastante literal, cuestión de vida o muerte. Es lo que viene en el plan de estudios del entrenamiento de Dios para ayudarte a transmitir el evangelio desde el estudio teológico hasta tu misma sala. Son el equipo para hacer ejercicios que te mantiene entusiasmado por Cristo, mientras te mantiene apagado con respecto a todo lo que aleja tu mirada de Él.

Tratamientos contra la mala hierba

Así como podemos arrepentirnos *bien* o arrepentirnos *mal*, hay maneras eficaces e ineficaces de andar por los caminos de la prueba de la santificación. Así como la corta distancia desde Egipto a Canaán se convirtió para los antiguos israelitas en una repetición en círculos que duró toda una generación. Podemos desalentar el proceso de santificación hasta llevarlo a paso de tortuga si no cooperamos de lleno y de forma voluntaria. Dios *es* paciente y *seguirá* obrando en nosotros y con nosotros. Nunca debemos dudar de eso. Pero podemos retrasarlo y restringir nuestro progreso si insistimos en hacerlo a nuestra manera.

Uno de los retrasos que interfiere con el paso de la santificación es lo que nosotros llamamos «segar» nuestro pecado; es decir, tratar solo los síntomas peores, pero sin cavar profundo para erradicar las raíces que continúan produciendo toda esa mala hierba y son el origen de todos esos problemas. Ya que hemos visto este atajo aparecer con el paso de los años, hemos concluido que los lugares donde con más probabilidad esto sucede (para ver los resultados de nuestro paisaje de pacotilla) son los campos de las *relaciones* y las *adicciones*.

Las relaciones

Bueno, la oración que estamos a punto de escribir puede cambiarlo todo, así que prepárate. Nos referimos a conflictos en las relaciones, en la lucha que hay en las relaciones. Podría ser con tu cónyuge, tus hijos, tus suegros, tu supervisor, tus hermanos, tus padres. Escoge uno y agrega otro. Pero piensa en este momento en una relación difícil que te esté causando grandes dolores de cabeza e ira, que te haga querer hablarle mal al parabrisas del auto cuando estás manejando. Grandes cantidades de lucha interna y voluntades obstinadas. Gente imposible, ya sabes a quiénes nos referimos.

¿Nos sigues? ¿Comprendes? Porque aquí va la oración…

El conflicto que tú tienes no es principalmente acerca de *ellos*; Dios obra en ese conflicto para revelar algo acerca de *ti*.

Lo más fácil de hacer cuando comenzamos a "chocar cuernos" con otra persona es alejarnos, sacarlos del panorama, no contestar más sus llamadas, ir a otra iglesia, tal vez incluso buscar un nuevo cónyuge, renegociar los términos de nuestra relación, pero a nuestra *manera*. Sin embargo, en la mayoría de los casos, mientras profundizamos en lo que esa persona o personas hicieron para herirnos y hacernos la vida difícil, no vemos la necesidad de cavar mucho en nuestra propia parte del terreno. Nos convertimos en expertos en las faltas y debilidades de la otra persona, pero apenas tocamos las que nosotros aportamos, las que emergen cuando le gritamos (o cuando decidimos no hablarle) en medio de toda la conmoción.

Si quieres saber quién eres en realidad, fíjate en lo que sucede cuando interactúas con otras personas con el paso del tiempo. Porque ellas te lo van a mostrar. Fíjate en lo que se revela acerca de ti cuando te acercas mucho a ellas. ¿Por qué es que los hombres y las mujeres solteros de repente se dan cuenta de lo egoístas que son seis meses después de haberse casado? ¿Por qué es que los empleados perezosos que realizan solo el mínimo esfuerzo, siempre parecen encontrar trabajo en lugares donde no se sienten apreciados? Este nuevo grupo de personas con las que tú te has estado juntando, ¿por qué será que te están empezando a tratar y a decirte las mismas cosas que hacía y decía el antiguo grupo de personas? ¿Por qué estás empezando a sentirte tan molesto con ellos como con todos los demás que han pensado lo mismo?

Tal vez porque no todo el problema sea tu cónyuge. Quizás no todo el problema sea tu empleador. Tal vez no todo el mundo esté conspirando para llegar a la misma conclusión sobre ti.

Tal vez sea solo… la verdad.

Y la verdad es lo que Dios siempre quiere que tú veas. Porque cuando estás lidiando con la verdad es cuando puedes trabajar de manera activa hacia el verdadero cambio.

Así que, quizás sea hora de que empieces a sacar la pala y las otras herramientas de mano, en lugar de solo empujar la podadora de pasto. Es hora de que la santificación se convierta en un proceso personal para ti, no solo una asignación personal para alguien más.

Si esperas que las cosas cambien, no puedes seguir pasando la podadora por encima de la maleza que crece debajo, cada vez que las personas con las que te codeas comienzan a irritarte. Si el corazón del problema es el problema del corazón, y lo es, nunca te vas a curar de la enfermedad que padeces tomándoles radiografías a otras personas.

Las adicciones

Nos hemos dado cuenta, por supuesto, de la compleja red de componentes mentales, emocionales y físicos que se mezclan para crear conductas adictivas. Muchas, muchas personas que sufren de adicciones a las drogas, el alcohol y otras cosas llegaron a nuestra iglesia por la dulce providencia de Dios y encontraron libertad de su esclavitud a través de Su evangelio y Su gracia santificadora. Pero no fue sin luchas. No sin que se hayan tomado serias medidas. Entonces, no creas que estamos relegando la recuperación de las adicciones a los siguientes dos párrafos. Estamos haciendo una observación general que demostró ser veraz una y otra vez.

El plan del diagnóstico de emergencia al que la mayoría de la gente llega gritando, en el punto más alto de sus adicciones, es todo lo que sea que los ayude a parar su comportamiento. Lo único que quieren es dejarlo. No quieren hacer eso nunca más y, de verdad, ese es un paso sabio y positivo en la dirección correcta. Pero si los que luchamos con las adicciones tratamos solo los problemas superficiales, los síntomas visibles y no trabajamos para entender qué es lo que en realidad produce el dolor en lo profundo del interior, estamos condenándonos a lo que el profeta Jeremías llamó: «"Paz, paz", pero no hay paz» (Jer. 6:14). Una abstinencia forzada donde no hay sanidad.

Porque si no vas al fondo de tu corazón para ver lo que de verdad está mal, incluso si has logrado parar la bebida, el abuso o lo que sea, solo estarás cambiando una adicción por otra. Cambiarás la que aborreces por otra que puedes tolerar. Pero solo será una nueva mala hierba que crece de la misma raíz. No serás libre, aunque estés sobrio.

Ese es el resultado de «podar» por encima. El engaño de todo eso es que, por lo general, uno se siente bien. Queremos detener nuestra adicción, por lo tanto, tratamos de hacerlo. Queremos una relación con menos drama, así que salimos y encontramos una con menos drama. Nos sentimos bien, mejor, por ahora.

Pero Dios quiere de nosotros más que un simple «sentirnos bien por ahora». Nos quiere libres para siempre. Él ya hizo todo lo necesario para *posicionarnos* con cantidades eternas de santidad e identidad. Fuimos justificados y adoptados por completo. Entonces, ¿por qué un Dios que hace todo eso, al costo sacrificial de Su propio Hijo, quiere, mientras tanto, vernos encadenados a una puerta giratoria de relaciones no sanas y adicciones sustitutas? ¿No tiene sentido que Su deseo sea vernos en la libertad de *manifestar* las bendiciones de la libertad del evangelio desde ahora hasta el próximo año, los próximos diez años y los próximos cincuenta años? ¿De vernos creciendo y cambiando, renovando y transformando? ¿De ser santificados constantemente?

Es por eso que Él no está dispuesto a dejar que nos conformemos solo con segar. Él desea que nuestro jardín sea denso y exuberante, no lleno de mala hierba, no de la cosa esa que se quema y se pone marrón con el calor del mes de julio, causándote dolor en los pies cada vez que sales a buscar la correspondencia.

No, podar el pecado no da resultado.

Tampoco dará resultado esta opción: *taparlo*.

«Tapar» es la segunda barrera que amenaza con obstaculizar el progreso de nuestra santificación. Es vivir con el "¿Cómo estás? Yo, bien"; una forma de manejar todo lo que viene a nosotros en la vida, desde la conversación más informal hasta la relación más personal.

Y es más fácil hacerlo hoy que nunca antes. Las redes sociales, como si necesitáramos otra forma de enmascararnos detrás de nuestras muy editadas y maquilladas personas, nos dieron esa libertad. Ahora podemos mostrar a todo el mundo (desde nuestros vecinos a nuestros viejos amigos de secundaria), las encantadoras citas a las que acudimos con nuestro cónyuge, las fantásticas vacaciones que tomamos con los niños. No hay más que poner un versículo bíblico, colgar una foto bonita, escribir un mensaje sensible en el blog y nos convertimos en la imagen envidiada de todos nuestros amigos.

Si solo fuera verdad…

Pero ¿no es la idea de la santificación el hecho de que no hemos alcanzado la meta?, ¿que todavía estamos creciendo y llegando a ser algo?, ¿que todavía estamos aprendiendo a poner en práctica el evangelio? Entonces ¿por qué esa obsesión de pretender ser algo para otras personas que están fingiendo ser algo para nosotros? Es una locura. Te das cuenta, ¿no?

La cruz de Cristo, aunque definitivamente tiene la intención de *incluirnos* en la familia de Dios, también está diseñada para *destacarnos* como personas que necesitan desesperadamente lo que Su perdón y poder ofrecen. Por lo tanto, la obra redentora de Cristo no es un medio para hacernos súper humanos. En realidad revela que somos *muy* humanos, hombres y mujeres que dependen sola y completamente de Dios. No lo glorificamos al ser muy fuertes; lo glorificamos, dice la Biblia, al gloriarnos «gustosamente» en nuestras debilidades «para que el poder de Cristo more en [nosotros]» (2 Cor. 12:9).

Una de las maneras más hermosas en que Su poder y presencia operan en nosotros, santificándonos, es por medio de la amistad viva de los hermanos y hermanas que saben *con exactitud* quiénes somos, las cosas con las que luchamos, dónde hemos fallado y cómo a veces todavía temblamos ante nuestros viejos temores y malos hábitos.

Nosotros dos podemos dar testimonio de ello. Cuando otros creyentes que forman parte de nuestra vida nos llaman para saber cómo estamos, para indagar sobre nuestras vidas, para ver cómo estuvimos aplicando las promesas de Dios a nuestras áreas pecaminosas más perturbadoras, no sentimos que nos han descubierto ni que se entrometieron en nuestra vida, ni nos preguntamos ¡cómo se han atrevido a insinuar semejante cosa! No, es un recordatorio regular y alentador de parte de Dios, dicho a través de la voz amorosa de nuestros amigos, de que Él está peleando nuestras batallas por nosotros en todos los frentes, que Él está aquí con nosotros, haciendo todo lo necesario para darnos la capacidad de ser obedientes.

Pero tú jamás podrás experimentar ese sentimiento si entras y sales por la puerta de atrás de la iglesia y nunca dejas que nadie te conozca. No podrás recurrir a esa clase de fortaleza si te comportas como si fueras demasiado bueno para ello.

Tapar las cosas es una tontería. No ganas nada con hacerlo, excepto mantenerte esclavizado a tus secretos. Si eres honesto contigo mismo, sabes que eso es verdad. ¿Luchas con la inmoralidad sexual? Entonces confiésalo. ¿Con la ira? Confiésalo. ¿Con la lascivia? Confiésalo. ¿Con adicciones vergonzosas? Sí. Sácalas afuera. La mejor manera de comenzar a despojarlas de su poder es arrastrar a ese oscuro monstruo hacia la luz. ¿Cómo podría ser eso peor de lo que ya fue y todavía sigue siendo?

La santificación siempre será un proceso. Todos tenemos suficientes males y disfunciones como para llenar toda una vida de sesiones de aprendizaje. Sin embargo, podemos poner en marcha el ajuste de alta velocidad, y empezar a disfrutar ya las bendiciones y los beneficios inmediatos de un «corazón unificado» (Sal. 86:11), haciéndonos militantes en un par de áreas clave: no *segar* con ligereza nuestros pecados y no mantenerlos *tapados*, fuera de la vista del público.

Imagínate cuánto podrías cambiar con esos dos cambios.

Timón con dirección asistida

Cada vez que sales de la casa a la que acabas de mudarte, hay una nueva manera de ir a los lugares, distinto de como lo hacías antes desde tu antigua casa. Una nueva forma de llegar a la autopista, una nueva forma de llegar a tu trabajo, una nueva forma de llegar al estadio de béisbol, una nueva forma de ir a la peluquería. Todo es un poquito diferente ahora, exige diferentes tipos de giros, aprender una nueva configuración de calles e intersecciones y de cómo se conectan entre ellas.

Pero mientras más conoces de la vida en este nuevo vecindario y mientras más te familiarizas con los puntos de referencia y la cuadrícula del mapa, es menos probable que te pierdas y tengas que volverte. Sabrás dónde estás, sabrás a dónde ir y sabrás cómo llegar.

«Entonces, hermanos, puesto que tenemos confianza», confianza en el «camino nuevo y vivo» que se abrió para nosotros por medio de la sangre de Cristo, «acerquémonos» y «retengamos» las promesas de nuestro fiel Señor y la confesión de nuestra creencia en Él. Conociendo el camino correcto, no solo debemos invocar el valor para seguir este camino nuevo por nosotros mismos, sino también comprometernos a ayudar en «estimularnos» unos a otros, mientras cada uno de nosotros sigue los caminos santificados que pueden llevarnos con seguridad de un lado a otro y siempre de vuelta a casa (Heb. 10:19-25).

Solo se permite doblar a la derecha. Si fijamos la mirada en Él, Él lo puede hacer.

Juntos podemos hacerlo.

Capítulo 7

La tormenta perfecta

La culpa, la vergüenza y las réplicas

A finales de octubre de 2012, solo unos días antes de la víspera del Día de Todos los Santos, un huracán que se movía hacia el norte desde el Caribe chocó bajo una luna llena con una feroz tormenta invernal que había estado bramando en la parte superior del Medio Oeste [de los Estados Unidos]. Además de la potente mezcla, una fría ráfaga de aire ártico descendía con rapidez desde Canadá, la clásica tormenta que afecta el este de los Estados Unidos, haciendo descender las temperaturas muy por debajo del punto de congelación, como un adelanto de la precipitación que se acercaba.

El Servicio Nacional de Meteorología había advertido de un «remolino híbrido» que se estaba creando por la confluencia de estos fenómenos masivos. Los observadores estaban monitoreando la presión sumamente baja en el Atlántico central, la cual estaba empujando al huracán hacia tierra después de permanecer frente a la costa muchos días cobrando fuerza sobre el mar abierto. Para cuando embistió las playas junto a la costa de Nueva Jersey y de Long Island el 29 de octubre, con vientos sostenidos de 80 millas por hora [129 kms/h], los desgarradores efectos de estos elementos climáticos combinados podían sentirse tierra adentro hasta Ohio y Kentucky, un horrendo doble golpe de olas furiosas en el mar, así como heladas tormentas de nieve blancas por todo el interior montañoso.

Le pusieron el apodo de «Frankenstorm».

Su nombre oficial fue la Súpertormenta Sandy.

En total, Sandy mató a 125 personas en los Estados Unidos y causó daños de más de 60 000 millones de dólares, arrasó numerosas casas y negocios, inundó túneles y estaciones de metro y causó muchos apagones de electricidad y escasez de gasolina en un gran territorio de la tercera parte este del país.

Fue una calamidad sin precedentes.

Y sin embargo, tan histórica como demostró ser la tormenta Sandy en la historia de la meteorología de los Estados Unidos, mucha gente hoy experimenta en su interior una convergencia de tormentas similar, casi en un círculo sin fin. El trueno que puede hacer eco con demasiada frecuencia en nuestro corazón y que proviene de la interacción conjunta de *culpa* y *vergüenza* a menudo es suficiente para mantenernos despiertos durante toda la noche, si no nos tortura durante todo el día con sus persistentes golpes.

Sabemos que la vida no tenía que ser así.

Sabemos que no será así para siempre.

Pero por ahora, por dondequiera que circule el barrido de ese radar de culpa y vergüenza, es casi seguro que va a detectar otra amenaza que llega, ya sea una lluvia pasajera, un aguacero que dure toda la noche o esas bandas de sistemas de tormenta intensa que se siguen uno al otro, produciendo observaciones y advertencias de tornados al pasar.

Y aun así, parte de la promesa de esta canción del evangelio, mientras la cantamos por los corredores oscuros de la conciencia y la condenación, es para disminuir no solo su doble impacto, sino para robarles el poder de hacer más daño colateral.

Ven. Verás a qué nos referimos.

Trabajo interno

Después de haber realizado una vista aérea sobre algunas ideas claves del evangelio en la primera mitad de este libro, comenzaremos ahora nuestro proceso de descenso de esta carga de verdad bíblica a tierra, donde el Espíritu de Dios puede hacer que llegue a tu vida diaria. Incluso si la vista desde los 10 000 metros de altura te dejó un poco mareado, no creemos que haya ninguna posibilidad de que falles al hacer las conexiones entre lo que estamos a punto de tratar y las experiencias que ocupan tu itinerario de viaje rutinario.

La primera parada es un territorio muy conocido: la culpa y la vergüenza.

Estos dos flagelos en el corazón humano hicieron una visita temprana a nuestro planeta y emergieron en medio de la desintegración de la inocencia y del honor que ocurrió en el Jardín del Edén. Durante todos estos años, nunca encontraron la forma de irse. Entonces, aunque muchos de nosotros tal vez podríamos dar testimonio de que vimos uno de ellos o ambos, en la calle hoy o en una habitación trasera esta misma mañana, la naturaleza de la culpa y la vergüenza, como sucede con todas las armas de la Serpiente, las cataloga como muy complicadas y engañosas. Aunque las conocemos por su nombre, hay muchas cosas que a menudo *no* sabemos acerca de ellas, mucho que ellas no revelan acerca de sí mismas.

Por ejemplo, solemos estar acostumbrados a ver la culpa y la vergüenza juntas, como si fueran mellizas, una pareja, virtualmente sinónimas entre sí. A pesar de que tienden a coincidir e interactuar la una con la otra, en realidad no son la misma cosa. Aunque ambas indican que no se ha alcanzado un estándar, lo que la *culpa* no alcanza suele ser un claro código moral, una legalidad. Por otro lado, el estándar que la *vergüenza* no alcanza va mucho más profundo hasta el centro de lo que de verdad somos: nuestra identidad.

Digamos, por ejemplo, que tú te consideras una persona solícita, dadivosa, sacrificada, abnegada, siempre dispuesta a ayudar a los necesitados. Entonces, cuando pasas al lado de una persona desamparada en la calle o cuando anuncian otro ministerio en la iglesia, tal vez sientas *culpa* si no haces algo, como si estuvieras infringiendo una regla o la ley. Pero debido a que este aspecto de tu naturaleza que lo quiere hacer todo es una parte importante de tu autoimagen de donde tú sacas mucho de tu valor e identidad, también sucede algo que es más profundo. Sientes *vergüenza* por no ser de verdad la persona que dices ser o quieres ser.

¿Te das cuenta de esta sutil diferencia? Lo mismo puede decirse de cualquier elemento que incluya el «tú» fantasma que te imaginas en la cabeza, tu imagen deseada, lo que quieres que la gente piense de ti, lo que tanto anhelas que sea verdad acerca de ti. Cuando esa persona no se presenta en la vida real, cuando el verdadero tú es mucho más feo, malo, vergonzoso o desagradable, es entonces cuando con toda probabilidad sentirás vergüenza de ti mismo.

La culpa tiene que ver más con lo que *hacemos*; la vergüenza tiene más que ver con lo que *somos*. Es importante que notes esa diferencia.

Las partes que solemos tratar de cambiar primero (la ira, el abuso, la lujuria, las cuales abordaremos en este capítulo) solo representan el fruto que crece al final del tallo. En realidad, si lo arrancas, no lo has matado porque de inmediato comenzará a crecer otro fruto donde solía estar el anterior. Pero si llegas hasta allá abajo, si atacas con un hacha la base del tronco, no debería quedar mucha rama para que ese fruto podrido comience a brotar otra vez.

Lo que a menudo encontrarás allá abajo en las raíces, cuando vayas a cavar, es tanto un hambre de inocencia como un hambre de honor. La *culpa* (que nos roba la inocencia) y la *vergüenza* (que nos roba el honor) son la doble hélice que crea el ADN de nuestra peor conducta.

La culpa

La culpa es un poquito más fácil de reconocer y de aislar que la vergüenza. Por lo general tenemos muy buenas probabilidades de conectar los puntos entre el dolor que sentimos y lo que hicimos (o no hicimos), lo que nos da una mejor oportunidad para arrepentirnos o cambiar.

Pero poseemos algunas maneras difíciles de ocultar su fuente o confundir nuestra conciencia. Es por eso que a veces podemos *sentir* culpa sin *ser* en realidad culpables de nada (culpa falsa) o a veces podemos *ser* culpables de algo y en realidad no *sentir* nada de culpa por ello (dureza de corazón), incluso al punto de gloriarnos en nuestra maldad, celebrando nuestra independencia y anarquía casi como una medalla de honor. Completamente al revés de como debe ser. Además, la culpa puede producir muchos otros problemas en nuestra vida.

La verdadera culpa no es en realidad un sentimiento; es una condición del ser. Si hacemos algo que no deberíamos, si participamos en algo que sabemos que no deberíamos estar haciendo, entonces somos culpables, pura y simplemente. Es obvio que es necesario hacer algo al respecto.

Pero tenemos que reconocer cuándo el estándar que aparentemente hemos violado, el que nos está haciendo sentir culpables, tal vez no sea el estándar *de Dios*, ni de *la Biblia*. Por ejemplo, si eres una persona que se siente culpable sino está constantemente ocupada y haciendo cosas, si eres incapaz de aflojar el paso y experimentar el descanso del Día de Reposo con una limpia conciencia, entonces *eres tú* el que establece el estándar que se está violando. Si tu esposo llega a la casa y se queja de lo sucia y desordenada que está, después de que te pasaste todo el día discutiendo con los niños y quitando chicle del pelo de uno de ellos, entonces *él es* quien establece el estándar que te hace sentir como si fueras una mala esposa.

Pero la culpa puede explotar en cualquiera de estos puntos de partida —desobediencia verdadera, tú mismo u otros. Cuando esto pasa, a menudo conduce a los tipos de comportamiento y reacciones airadas que empiezan a llevarte más en la dirección de…

La vergüenza

La vergüenza, a diferencia de la culpa, es probable que flote por ahí en el vaso de té helado. Tú la ves, sabes que está ahí, metes la cuchara para sacarla, pero demuestra ser más escurridiza y difícil de sacar de lo que esperabas.

Podemos sentir vergüenza por toda clase de cosas. Algunas personas sienten vergüenza porque no tienen mucho dinero. Otras sienten vergüenza por el auto que manejan o la casa en donde viven. Algunas sienten vergüenza por la familia de la cual proceden, la escuela a la que asistieron, el tamaño de su anillo de bodas o la forma de su cuerpo. Hay quienes sienten vergüenza, al menos en algunos círculos, de ser cristianos o de hacer lo que es correcto y valiente desde el punto de vista moral contra la presión de las opiniones más cosmopolitas de otras personas.

Entonces, la vergüenza puede, claro está, enrollarse y atacar desde una amplia variedad de suelos. Y aunque tal vez no tenga derecho a estar en nuestra propiedad ni a establecerse a la vuelta de la esquina, la vergüenza es dolorosa cuando nos pega sin importar de dónde venga.

Pero lo que es difícil de ver en momentos como esos es que no hay nada vergonzoso en ser pobre ni tener un ingreso modesto. No hay nada vergonzoso en conducir un auto que todavía exige mirar por el vidrio de atrás cuando estás saliendo de un estacionamiento. No hay nada vergonzoso en no vivir en un vecindario donde los residentes pagan 1000 dólares al mes para que la grama de todo el mundo esté al mismo nivel. Esa es una vergüenza ilegítima. Tampoco hiciste nada vergonzoso solo porque alguien se aprovechó de tu inocencia y vulnerabilidad como una manera enfermiza de satisfacer sus propias necesidades distorsionadas. Pero si tú sientes y procesas la vergüenza que se origina de esas y otras fuentes similares, todavía puede lograr hacerte sentir que no vales nada, que nadie te ama, sucio, menos que… aunque no hayas hecho nada para merecerlo. Puede hacer que quieras lidiar con ello tapándolo y ocultándolo.

Eso no es culpa, eso es vergüenza.

Y la pregunta es… ¿por qué?

¿Por qué estamos tan avergonzados de nosotros mismos, de esas cosas?

La respuesta, en realidad, es bastante sencilla. La vergüenza está profundamente arraigada en la identidad. Y el «ideal propio» que creamos para nosotros mismos a menudo incorpora muchas expectativas que no están incluidas en el *ideal de Dios* para nosotros. Podemos exaltar el tipo errado de perfección. Podemos seleccionar la clase errada de héroes. Podemos decidir que el aspecto retocado de las portadas de las revistas, los beneficios de algunos ingresos, la personalidad de nuestro antiguo compañero de universidad y las notas en las páginas de Facebook de otras personas representan la vida que nosotros deberíamos estar viviendo y la imagen que deberíamos proyectar. Pero ¿de dónde viene esa presión? ¿Quién alimenta y dirige esos deseos?

¿Cuánto de tu temperamento violento, tu exceso al beber, tu promiscuidad sexual, tus más perturbadoras adicciones (los síntomas físicos de la *ira*, el *abuso* y la *lascivia*) surgen no solo de un corazón genéricamente malo, sino que en realidad son alimentados por la vergüenza? ¿Y la culpa? ¿O tal vez ambas, en una tormenta mortal constante?

Tormentas emergentes

La culpa y la vergüenza no solo existen por sí solas en el mapa meteorológico, como un frente estacionario que permanece en su propia pequeña turbina. No, casi siempre afectarán el resto de los pronósticos de tu vida, las oscilaciones de temperatura y otras condiciones prevalecientes. Van a agitar pensamientos pecaminosos dentro de ti, te dirán cómo se supone que debes sentirte, provocarán un caos en espiral a tu alrededor y te harán sentir que quieres hacer casi cualquier cosa para detener el dolor de esa sensación desgarradora, sobre todo de la vergüenza, que es tal vez la emoción más dolorosa conocida por el ser humano. Luego, las cosas que tú haces y que tanto aborreces de ti mismo comienzan a convertirse en firmes patrones de conducta.

La culpa y la vergüenza están debajo de casi todo ello.

Entonces, fíjate si la siguiente progresión te suena conocida en tu propia vida, porque te aseguramos que la hemos visto en la nuestra. No estamos citando libros de texto. La entendemos y la hemos identificado.

Por lo general, comienza con la *ira* que sale a la superficie, algo que al principio se parece más a un aborrecimiento de nosotros mismos. Nos golpeamos, queremos castigarnos. Estamos enojados por lo ESTÚPIDOS que podemos ser a veces. ¿Cuántos años ya hace de esto? Y todavía parece que no mejoramos. No somos más fuertes ni más inteligentes. Creíamos que habríamos avanzado bastante más para este momento. Pero somos tan deficientes y tan malos como siempre, débiles y predecibles. Tal como lo cree todo el mundo, tal como todos dicen que somos, tal como todos lo verían… si en realidad nos conocieran, si supieran cómo somos en realidad.

Dejemos que esa frustración de culpa y vergüenza se siga acumulando y llegará un momento en que el corazón no podrá soportarlo más. De ahí tendemos a gravitar en un par de direcciones distintas, o en ambas, intentando controlar esos sentimientos desenfrenados, esa subestimación de nosotros mismos en valor y méritos personales. En primer lugar, sentimos como si los demás estuvieran justificados al vernos también sin valor. Así es que empezamos a tratarnos a nosotros de una manera barata: no cuidamos nuestro cuerpo ni nuestra dieta, somos informales respecto a nuestras obsesiones y hábitos, y facilitamos que los demás se aprovechen de nosotros y nos desprecien. Pero en segundo lugar (o al mismo tiempo), las mismas inseguridades también se pueden expresar como ira externa, rabia y enojo. Atacamos y criticamos para demoler, controlar y manipular. Si *nosotros* no podemos ser felices, entonces nadie merece serlo. Si *nosotros* no podemos sentirnos bien con nosotros mismos, entonces vamos a asegurarnos de darles a los demás muy buenas razones para que no tengan derecho a sentirse bien tampoco con ellos mismos.

La ira se ha convertido en *abuso*: abuso de los demás, abuso de nosotros mismos. De una forma negligente nos metemos en situaciones que no son sanas y en relaciones en las cuales el pecado está a solo un pestañear de distancia. Nos ponemos en contra de las personas más cercanas a nosotros, abusamos de ellas con nuestras palabras airadas, nuestra agresividad física, nuestros sucios trucos emocionales y chantajes.

Esto va de mal en peor, porque el abuso también tiene una manera repugnante de juntarse con la *lascivia* y la inmoralidad sexual, disminuyendo no solo la dignidad que Dios ha puesto en nosotros como seres humanos, sino también reduciendo a otras personas a objetos deshumanizados de nuestro propio placer, como si no tuvieran alma y vida o como si en ese efímero momento no tuviesen ningún otro propósito más que satisfacer nuestros lascivos anhelos.

Una de las principales razones por las que la gente se desvía hacia el flirteo sexual, las aventuras amorosas y la pornografía es que la culpa y la vergüenza han devaluado la imagen que tienen de sí mismos; pierden la capacidad de contemplar el verdadero valor en otra persona, personas que han sido creadas por Dios con un valor intrínseco, no para darnos placer a *nosotros*, sino para que encontremos placer en *Él*.

El diseño glorioso y creativo de Dios para el sexo tiene la intención de señalar la unidad de Su sagrado pacto con nosotros, como se observa en la unidad del pacto del matrimonio. Así que, dentro de esa relación exclusiva, es, en última instancia, un acto de adoración —adoración de Su gracia y bondad extendida mediante el evangelio— en contraposición a como Satanás distorsiona el acto sexual en inmoralidad sexual, en adoración de otro tipo: adoración de la seguridad, los sentimientos, la garantía, la gente, la aceptación, la adoración de la «criatura» y no del «Creador» (Rom. 1:25).

Las mujeres que nunca soñarían con vender su cuerpo por dinero, como lo hace una vulgar prostituta, lo venden por otra cosa: por la «sensación» de amor, por una relación, por sentirse deseadas, deseables y hermosas aunque sea una hora. El hombre trata de reprimir sus propias inseguridades a través de fantasías con otras mujeres, coleccionando trofeos para sí mismo en el mural de su mente, buscando redención por la vergüenza que lleva dentro, pero encontrando siempre que se trata de una redención falsificada.

Y las tormentas siguen llegando a cántaros, chocan entre sí y crean algunas nuevas. La culpa y la vergüenza continúan encendiendo nuestra ira, alimentando nuestro abuso y avivando nuestra lascivia. Si lo único que hacemos para tratar de apagar las llamas es lanzar desde lo alto repelente para el pecado, en la esperanza de extinguirlas por los bordes, siempre quedará oxígeno más que suficiente para que sigan ardiendo aun bien entrada la noche.

Con toda certeza, el evangelio tiene una forma de detener esta locura.

Cazadores de tormentas

Cuando los discípulos de Jesús veían que el cielo se oscurecía por las nubes de la tormenta, es probable que pensaran que no tenían nada de que preocuparse. Después de todo, la mayoría de ellos sabía bien cómo lidiar con el agua. De su larga experiencia habían aprendido cómo lidiar hasta con las cosas más inesperadas que pudieran presentarse en el mar, no sin que a veces hubieran corrido cierto peligro, tal vez, pero al menos siempre habían logrado regresar a la costa. Nada los había matado todavía.

Además, esta vez Jesús estaba en la barca. De hecho, fue Él quien les dijo que pasaran al otro lado del lago. Pero tiene que haber algo acerca de esa tormenta en particular, quizás su mayor duración o la increíble violencia con la que sacudió su pequeña embarcación, que la hizo más grande que las otras que habían combatido antes. Con Jesús o sin Él, ellos no sabían qué hacer. «¡Maestro, Maestro, que perecemos!», gritaron, despertándolo de un profundo sueño con una sacudida.

Jesús salió de la litera donde descansaba, subió a la parte superior con paciencia, se paró enfrentando a lo fiero de la tormenta y le dijo al viento y a las olas que no tenían autoridad para hundir aquella barca... y de repente, todo quedó quieto en una impresionante y silenciosa calma.

Los discípulos se quedaron de pie asombrados, mirándose unos a otros y preguntándose con la mirada, en silencio, si los demás habían visto lo mismo que *ellos* habían visto. Entonces Jesús interrumpió su aturdido asombro con una simple pregunta que traspasó las emociones del momento y lo enfocó todo:

«¿Dónde está vuestra fe?» (Lucas 8:25).

Jesús siempre hace la pregunta perfecta. Cuando comenzamos a revisar y a limpiar el desastre que dejamos atrás con nuestras propias y poderosas tormentas de culpa y vergüenza, Su pregunta: «¿Dónde está vuestra fe?» permanece como la única que nos lleva a nuestras mejores respuestas. Entonces, para tomar prestado algo de lo que vimos en el capítulo anterior, es hora de vivificar, de profundizar en la verdad bíblica, redescubriendo lo que Dios ha hecho por medio del evangelio para disipar las nubes negras y airadas, de manera que podamos navegar con Él en calma hacia un puerto seguro. Y con mucha menos carga.

La justificación

Ahora vamos a retroceder un par de capítulos y vamos a recoger el elemento del evangelio que constituye el antídoto que golpea las ventanas y las persianas de la culpa. Es el golpe del martillo de tu Juez que te declara perdonado y te concede la inocencia a través de la sangre de Jesucristo.

La Biblia dice: «Y cuando estabais muertos en vuestros delitos y en la incircuncisión de vuestra carne, os dio vida juntamente con Él, habiéndonos perdonado *todos* los delitos…».

Un momento, paremos aquí un segundo. «Todos» es una palabra muy básica. Cinco letras. En realidad cuatro, porque hay una que se repite. No hay nada más fácil de escribir y pronunciar, ni tampoco hay nada más difícil de malinterpretar. Nuestro Dios nos ha perdonado «*todos* los delitos habiendo cancelado el documento de deuda que consistía en decretos contra nosotros *y* que nos era adverso, y lo ha quitado de en medio, clavándolo en la cruz» (Col. 2:13-14).

Entonces…

Esa percepción de condenación que sientes por cosas que hiciste en el pasado, que tanto te esforzaste por confesar y arrepentirte...

Esa lucha que tienes ahora mismo con un hábito pecaminoso y frustrante o esa tendencia que se ha vuelto tan natural en la manera en que reaccionas ante el estrés y la inseguridad...

Esas dudas que arrastras y que no sabes si *alguna vez* podrás superar la opresión de ese pecado en particular en tu vida, sin importar cuánto te hayas mantenido tratando...

Digamos que hay una *app* en el evangelio para eso, para *todo* eso. La cancelación de tu deuda por la sangre perdonadora del Cordero significa que la culpa por todos tus pecados pasados, presentes y futuros, se ha ido; así como todas tus razones para dejar que la culpa se disfrace de ataques de ira y otras medidas defensivas. Tú has sido perdonado. Eres libre. Recibiste la inocencia.

Créelo, y sé transformado por ello.

Sin embargo, puesto que todavía pecamos y porque aún necesitamos una manera de contrarrestar estas deficiencias, también está...

La santificación

A la gente que busca tecnicismos en el evangelio, como lo hemos hecho los seres humanos desde el primer siglo, le gusta ondear esta bandera de la justificación como excusa para suavizar su práctica de santidad. Al haber sido declarados perdonados, se imaginan que eso quiere decir tiempo libre en los clubes nocturnos, sin culpa por el boleto de admisión. Es lo mismo que piensan cierto tipo de mecánicos, plomeros y vendedores de bienes raíces cristianos cuando consideran que pueden apoyarse en el símbolo del pez en la esquinita de sus tarjetas de presentación, sin tener que dar lo mejor de su trabajo en todo momento, ya que la gente siempre se inclinará a ser más indulgente y comprensiva con ellos. Después de todo, somos cristianos ¿verdad?

Sin embargo, así como el verdadero gozo de trabajar se encuentra no en la pereza de almuerzos largos y atajos en el trabajo el resto del día, sino más bien en la diligencia, la excelencia y el servicio pleno a las necesidades de los demás, nuestra vida como creyentes se enriquece más y es más satisfactoria cuando llevamos lo mejor de nosotros al altar, y experimentamos una cercanía incluso más profunda con el Padre.

Lo que tú sientes, incluso como cristiano, cuando cruzas la raya y los límites que tu Dios bueno y amante ha puesto para protegerte, es una culpa verdadera. En realidad está presente. Pero por la naturaleza imperecedera de Su amor de pacto, Él continúa trabajando con nosotros con paciencia en nuestras debilidades y en nuestra naturaleza caída, instándonos a un arrepentimiento piadoso, de corazón, y con eso, impide que los demás derivados pecaminosos se aprovechen de la culpa de nuestros repetidos fracasos.

La pregunta de Jesús es relevante aquí: «¿Dónde está vuestra fe?». En lugar de mirar todo el tiempo nuestras faltas o seguir sin esperanzas en nuestro pecado, podemos volvernos a Él y encontrar de nuevo nuestros deseos de inocencia.

La adopción

Por último, como mencionamos antes en este capítulo, el ideal de Génesis 1 y 2 se caracterizó, entre otras cosas, por la *inocencia* y el *honor*. Los seres humanos fueron creados para que fueran superiores a todas las demás especies que poblaban el planeta. Y más allá que el solo hecho de vivir en un paraíso perfecto libre de culpa, la

Biblia dice: «Y estaban ambos desnudos, el hombre y su mujer, y no se avergonzaban» (Gén. 2:25). Imagínate. Piensa en lo que la vida diaria es muchas veces para ti, los estados de ánimo y los sentimientos dentro de tu propia cabeza y corazón. ¡Qué bueno sería vivir en una relación sin siquiera una sombra fugaz de vergüenza, donde tú pudieras ser completamente franco, sin temor a ser rechazado, sin temor a ser víctima de abuso ni de abusar de nadie! Debes haberte muerto e ido al cielo.

O debes haber sido adoptado por tu Padre celestial.

No hay nada que aleje más rápido la vergüenza que saber que alguien te conoce como nadie y aun así te ama, disfruta de tu compañía y se deleita en ti. La vergüenza ya no es un análisis válido del pasado, el valor de la propiedad, los prospectos matrimoniales, las habilidades educativas ni el poder adquisitivo del cristiano. Dios nos ama y nos ha adoptado tal como somos, a pesar de que lo sabe todo sobre nosotros. Y si *Él* no se avergüenza de nosotros, entonces ¿por qué deberíamos avergonzarnos *nosotros*?

Por lo tanto, la vergüenza comienza a desvanecerse cuando nos damos cuenta de que podemos ser abiertos al máximo y confesarlo todo ante nuestro Dios así como ante los demás, sobre todo en nuestra familia de la fe. La mejor manera de asegurarnos de que la vergüenza no crezca en nuestro corazón y de que, por naturaleza, no se convierta en ira, abuso ni lascivia, es no guardando más secretos.

¿Por qué *deberías* hacerlo? Porque la verdad es que *no hay* secretos. Incluso si nadie, excepto Dios, sabe algunos secretos sobre ti, el peso de esos secretos es la raíz debajo de toda tu depresión, tu repugnancia de ti mismo, tu frialdad hacia la adoración, tu obsesión con mantenerse tapado y misterioso, difícil de arrinconar, difícil de ser conocido.

Los secretos solo nos llevan a más vergüenza.

Pero fíjate en el padre de la historia que llamamos la Parábola del Hijo Pródigo. En realidad, esa historia que Jesús contó no se trata tanto del muchacho que se fue de la casa para andar de bar en bar, ni siquiera acerca de su amargado y farisaico hermano que se quedó en casa, sino más bien acerca de un padre que suplica a *ambos* que vengan y experimenten la plena abundancia de una relación con él. Es acerca del absoluto deleite de un papá en sus hijos obstinados, necios, cada uno de los cuales ha encontrado su propio camino a la vergüenza y aun así, no pueden dejar de ser amados por aquel que los llama hijos.

Aquí, en nuestra iglesia, The Village, cuando celebramos el bautismo, invitamos a los nuevos conversos a ponerse de pie en el agua y exponer las razones de la vergüenza que una vez llevaron. Cuentan dónde los encontró Dios, cómo eran, quiénes decían ser, cómo describían su identidad durante todos aquellos años de su vida. Uno pensaría que la idea de que les pidan que hablen de todas esas cosas podría reducir la cantidad de personas, intimidando a la gente que no quisiera pasar por la humillación. ¿Cuántos hombres y mujeres tienen el valor de contarlo, de admitirlo, justo en frente de Dios y de todo el mundo?

Solo hay una respuesta posible: por medio de la naturaleza adoptiva del evangelio, se han dado cuenta de que son plenamente conocidos por un Padre que se deleita por completo en ellos. No se *jactan* de su vergüenza, se jactan de un Dios que es mayor que su vergüenza. No están minimizando el pecado, se glorifican en la suficiencia de Cristo.

Piensa en cómo debió de sentirse el hijo pródigo una vez que se dio cuenta de que su padre le daba la bienvenida como a un hijo en vez de recibirlo con un sermón. ¡Qué alivio! ¡Caray! No esperaba eso.

Fantástico, pues… maravilloso. Creo que iré, me bañaré y me pondré ropa nueva. Pero no. Su papá dio una fiesta, la clase de fiesta (dice la Biblia) que se oye desde la calle. El bajo palpitante, los cantos ruidosos, las risotadas. Uno casi se puede imaginar al pródigo tratando de convencer a su padre de que no lo haga. «No, no, no hagamos eso». En realidad no quería que *todo el mundo* supiera dónde había estado, lo que había hecho.

Sí, es extraño, más bien es difícil para nosotros ser amados tan bien, aceptados y adorados tan plenamente, que nuestro Padre, o alguna otra persona, se deleite en nosotros. Porque a decir verdad, si ni siquiera nos deleitamos en nosotros mismos, en lo que somos. ¿Cómo podría Dios, Aquel que lo sabe *todo* (ahí está esa palabra otra vez), encontrar un motivo para sentirse loco por nosotros?

Sin embargo, eso es lo que arroja la tormenta de vergüenza de vuelta al malvado oeste de donde vino, y siembra en nuestro patio un árbol fuerte y nuevo de honor e identidad que puede soportar el próximo bramido de mal tiempo que se forma en el horizonte. Es lo que nos mantiene arraigados y seguros, sin toda la ira, el abuso y la lascivia que una vez fueron las únicas cosas que creíamos que podían mantenernos íntegros, nuestras únicas soluciones seguras a cómo nos hacía sentir la vergüenza.

El evangelio lo da todo.

La justificación por nuestra culpa.

La santificación por desensamblar nuestros falsos ideales.

La adopción por la cara sonrojada por nuestra vergüenza secreta.

Y de repente, en lugar de las crudas emociones que continuamente se unían contra nosotros golpeándonos como se golpea una moneda contra las paredes de una secadora de ropa, ahora el sol puede salir en la mañana de una *verdadera* tormenta perfecta, mientras que la gracia de Dios alimenta en nosotros una nueva pasión por Él y la pasión responde dándonos incluso más gracia, una lluvia revitalizadora en la que la única agua que puede filtrarse en nuestro corazón procede de la Fuente de Agua Viva que repone nuestro corazón, que una vez sentía culpa y vergüenza, con puro gozo, aceptación y libertad.

¡Que llueva!

Capítulo 8

Dios es grande, Dios es bueno

La lucha contra el temor y la ansiedad

Pues bien, soy Matt y les voy a hablar por unos minutos. Creemos que la mejor manera de comenzar este capítulo, el cual aborda un segundo par de amenazas subyacentes (además de la culpa y la vergüenza), sería permitiéndome hablarles desde el fondo de mi corazón, desde una perspectiva personal y cercana.

Tal vez tú lo sepas o no, hace varios años, yo experimenté una convulsión violenta en casa una mañana. Fue algo totalmente inesperado y ocasionado por una masa que había comenzado a desarrollarse en el lóbulo frontal derecho y terminó siendo un cáncer cerebral, mortal y grave.

Como resultado de ello, me sometí a lo que se conoce como craneotomía que para mí, en pocas palabras, se trataba de cortar un sector grande de mi cerebro. Así de invasivo era el problema. Y después de superar aquel encantador procedimiento, fui sentenciado a 18 meses de quimioterapia, 6 semanas de radiación y una advertencia de los médicos especialistas de que, por el resto de mi vida, tendría que someterme a resonancias magnéticas frecuentes y volver a ser evaluado para asegurarnos de que el cáncer no hubiera vuelto. Ellos decían que regresaría.

Claro, también me dijeron que para este momento ya debía estar muerto.

Es evidente que no lo saben *todo*.

Pero en caso de que tú nunca hayas pasado por una situación de esta magnitud donde está en juego tu vida, te voy a contar lo que es un encuentro con alguien que lleva puesta una bata blanca. Cuando los médicos dicen: «Matt, probablemente te queden dos o tres años de vida», basados en el pronóstico de un cáncer de este tipo, no están hablando de tres años súper emocionantes donde tú vas a lanzarte desde un avión en paracaídas o vas a viajar por todo el mundo tachando las cosas de tu lista de lo que te gustaría lograr. Lo que ellos prevén en tu futuro son dos o tres años en los que, con la esperanza de salvarte, van a envenenarte, torturarte hasta hacerte sentir fatigado e incómodo de una manera desdichada durante semanas cada vez; después de las cuales (esperan), con toda probabilidad, irás llegando al final del túnel, antes de morir de todos modos a causa de este mal.

¡Qué lindo!

Está claro que así no son las películas de Hallmark.

Por esto, como podrás imaginar, cuando surge el tema del temor y la ansiedad, habiendo estado en el lado del receptor de esa clase de conversación, comprendo bastante bien lo que digo. Sé con exactitud lo que es yacer en cama por la noche, fijar la mirada en la sofocante oscuridad y preocuparme hasta la muerte por mis hijos, mi esposa, por mí… por todo. Yo sé lo rápido que mi cuerpo se pone tenso siempre que siento algún dolor o una ola de incomodidad, cómo mi mente puede darle un tirón hacia la derecha al volante y luego necesita unos minutos para recuperar la compostura junto a la carretera. Tal vez igual que tú, no tengo que escarbar muy profundo para encontrar algunas razones verdaderas de preocupación. Algunas de mis peores pesadillas son, de hecho, trozos de películas reales que se tejen dentro y fuera del drama.

Nadie quiere eso. Te lo garantizo.

Gracias a Dios, Él, en Su gracia, me dio un plazo de años en los cuales casi todos los otros pacientes que conocí, gente que había recibido el diagnóstico de cáncer cerebral primario alrededor de la misma fecha en que yo recibía tratamiento, parecían estar muy bien, incluido yo. Estábamos luchando bien, y eso era muy alentador para todos nosotros. Pero entonces, en lo que fue casi una serie de eventos consecutivos, dos o tres de ellos murieron con semanas o meses de diferencia. Después de escuchar la noticia o, en algunos casos, después de haber predicado personalmente en sus entierros, un frío gemido de pensamientos ansiosos y preocupaciones me perseguía como un eco por el pasillo, hasta que se detuvo con un golpe seco en mi estómago...

¿Seré yo el próximo?

¿De verdad esto me va a matar?

¿Estoy haciendo todo lo que puedo?

¡Qué miedo!

Sin embargo, aun en medio de una verdadera crisis como la mía y la de mi familia o en medio de una situación similar de adversidad en tu propia vida, o incluso en medio de temores y ansiedades que todavía no tienen nombre ni rostro, ni un término médico, ni una duración probable, ni nada que no sea el pánico de lo que podría ser (y por lo que tú ya estás muerto de miedo)...

El evangelio de Jesucristo todavía es la respuesta tranquilizadora a tu ansioso corazón.

Y de hecho, a mucho más que eso.

La paz del rompecabezas

El Jardín del Edén, como hemos visto, nos revela el ideal para el cual Dios creó a la humanidad: el estado de perfecta relación que continúa agitando un celoso anhelo dentro de nosotros, que nos atrae hacia el Único que puede volver a restablecer lo que se rompió y se dio por muerto.

Claro, en este paraíso hemos identificado la presencia de la inocencia y el honor, cada uno de los cuales se achicharró en la tierra chamuscada del pecado original y se transformó en las amargas realidades de la culpa y la vergüenza. Pero también estaban presentes al principio del tiempo, antes de la introducción del pecado y la pérdida, cualidades que representaban los opuestos funcionales de nuestros temores y ansiedades actuales.

El Edén era, por otro lado, un lugar de *paz y prosperidad*.

Por ejemplo, Adán nunca iba a caerse de un árbol y partirse el cuello. Él y Eva nunca sentirían la necesidad de dormir en partes distintas del jardín, a la espera de que el mal genio del otro se enfriara, o tal vez, de ir a ver a un buen abogado para que les tramitara el divorcio. Su trabajo diario era arduo, pero nunca difícil: era siempre abundante, siempre gratificante, tan agradable y placentero como cualquier otra cosa que fueran a hacer por la noche. Nunca experimentaron necesidad o escasez, preocupación o duda, sospechas o sudores nocturnos, nada que indicara una deficiencia de confianza o contentamiento personal.

Sin embargo, cuando llegó el anuncio que declaraba que ahora la muerte formaba parte de su existencia...

Digamos que no tenemos una emoción que se compare con la que debieron sentir aquellos dos seres. Cuando nos dicen hoy que vamos a morir, en un mundo donde el periódico de la mañana contiene unas dos páginas de avisos de defunciones, al menos estamos familiarizados con el concepto, aunque no estemos locos por ver nuestro nombre escrito allí. Pero dado que ellos nunca habían sentido tristeza ni shock emocional, ni una sola vez, mucho menos la idea de que un día no iban a poder respirar, que sus cuerpos se verían obligados a volver al polvo de donde habían venido...

Aquello era un temor de otro color. Parecía imposible, inaudito.

Y así, a partir de ese trágico momento, el temor y la ansiedad comenzaron a aquejar el corazón humano de tal manera que hasta Sus hijos redimidos de todos los siglos hasta el día de hoy, conocerían la cruel sensación de ser asaltados, de vivir sin la paz y la prosperidad que Él quiso que disfrutaran.

No obstante, eso no es todo lo que tenemos que saber antes de poder ahondar en nuestros temores específicos. Eso no es todo lo que tenemos que saber antes de dejar que Dios los convierta en algo que más bien nos calma y nos alienta. La paz y la prosperidad que existían en la vida de Adán y Eva antes de la Caída no eran metas que ellos habían procurado para sí mismos y de alguna manera no habían logrado alcanzar. La comodidad y la abundancia no eran su destino final: una búsqueda intencional de circunstancias y condiciones de vida. No, la fuente de su confiada certeza era solo Dios, Dios mismo. Siempre que tuvieran comunión con Él podían esperar que las bendiciones de Dios descendieran a sus vidas. *Él* era su justicia, *Él* era su inocencia, *Él* era su sentido de identidad, *Él* era su dignidad y honor.

Él era su paz.

Él era su prosperidad.

Él era la razón por la que no sentían temor.

Entonces, a pesar de que hoy estamos confinados en una zona de tiempo muy diferente de aquella donde Adán y Eva tenían sus relojes programados, antes de que la Caída tocara la hora trece y lo arruinara todo, la respuesta ganadora al temor y la ansiedad sigue siendo unidimensional por completo.

Es Él, no la resolución favorable de nuestros problemas.

Es Él, no la eliminación de todos los posibles malos escenarios.

Es Él, no un estilo de vida fácil, libre de tropiezos y adversidad.

Es Él. Siempre ha sido y siempre será Él.

Es por eso que Él optó por presentarse a Sí mismo en la Escritura como el «Dios de toda consolación» (2 Cor. 1:3). El que, en medio de todo nuestro sufrimiento, puede darnos algo muy superior a cualquier otra fuente de alivio. Más que un informe alentador de un médico, más que una reunión positiva entre padres y maestros, más que la garantía completa del fabricante de nuestro auto. Aunque esos momentos de buenas noticias y pólizas de seguro pueden darle paz a nuestra mente por poco tiempo, al menos hasta que se presente el próximo desafío, Dios desea más bien darnos Su propio ser como nuestro eterno «Abba» Padre (Rom. 8:15), nuestra omnipresente ayuda y proveedor suficiente, nuestra única razón para no tener temor.

Abba. Es un término que en realidad no significa «Papito», como dice mucha gente. (Los judíos que vivían en aquel momento y lugar históricos no soñarían nunca con usar una manera tan informal para dirigirse al padre. Hubiera sido muy irrespetuoso). Porque a pesar de que «Abba» sí tiene la connotación de cierto nivel de intimidad familiar, más bien comunica la idea de que «mi papá le gana a tu papá», que a nuestro Padre nadie lo toma por sorpresa ni lo mueve nada que parezca demasiado grande para nosotros, *sea lo que sea.*

Por eso se le permite a la vida ser dura con nosotros, atemorizante y aterradora, incluso para Sus hijos. Porque en lugar de darnos una contraseña para escapar de todo posible dolor de cabeza o dolor emocional, en vez de ayudarnos a esquivar todos los campos de minas antipersonales que hay entre nuestras coordenadas actuales y los lugares a donde nos conducirá Su amor; el deseo de Dios es llevarnos a través de nuestros temores hasta el otro lado... con el propósito de mostrarnos que en realidad no teníamos nada que temer.

No, si Él está presente.

No, si el Príncipe de Paz está a cargo.

Lo creas o no, los temores y las ansiedades no tienen la última palabra angustiante cuando se trata de cómo afrontamos las presiones y los problemas de la vida. Pero eso no significa que Dios no pueda convertir esas voces febriles en algo totalmente redentor para nosotros. Porque cuando miramos a través de Su sabiduría y Su poder las cosas que tienen la mayor capacidad de asustarnos y alarmarnos, las cosas que más nerviosos e inquietos nos dejan, entonces podemos comenzar a tender la tibia manta del evangelio alrededor de esas cosas específicas, los lugares de nuestro corazón que todavía añoran lo que Él ya hizo. Podemos comenzar a hacer algo mejor con el temor que sentarnos muertos de miedo.

Podemos comenzar a ver un cambio.

Una encomienda sagrada

El temor, como la ira, no siempre es malo. Un temor saludable es lo que nos hace saltar del camino de un camión en movimiento.

También es un temor saludable lo que generalmente nos mantiene en la acera en vez de estar en medio del tránsito. La gente que no tiene esta clase de temor, o bien es psicótica o presume de un sentido de invencibilidad a prueba de balas que de seguro les quitará la vida un día de estos, si siguen viviendo como si tuvieran quince años. Entonces, es evidente que existe un temor legítimo, razonado, cosas que uno debe rechazar y evitar debidamente. Pero también hay muchos temores *ilegítimos*, preocupaciones que no tienen asidero ni base para creer en ellas, excepto en los inquietos rincones de nuestra imaginación. Nos referimos a los "¿qué pasa si...?" de la vida, aquellos que nos privan de todo gozo y estabilidad, los que incluso nos pueden paralizar en medio de un día lindo, tranquilo y soleado; y esto se manifiesta de tal manera que ni siquiera podemos disfrutar lo que sucede justo frente a nosotros, por el temor a lo que podría pasar.

Sin embargo, cada uno de esos temores, tanto los reales como los imaginarios, nos dan cierta información instructiva sobre nosotros mismos. *Nos dicen qué es lo que más valoramos en la vida.* Nos dicen dónde hemos centrado la mayor parte de nuestra atención. Mejor de lo que podrían hacerlo cualesquiera de nuestros elocuentes argumentos y justificaciones, ellos nos muestran el lugar exacto de nuestras prioridades. Porque mientras mayor sea el valor que le asignemos a algunas cosas, más temor y ansiedad estarán orbitando de manera natural a su alrededor.

Una vez más, no estamos definiendo estos temas en general como buenos ni malos. Ese no es el objetivo. Por ejemplo, la mayoría de nosotros tiene una notable tendencia a preocuparse mucho por los hijos, por su salud, sus amistades, sus sentimientos y su futuro. A veces, nuestros temores y ansiedades por ellos pueden llegar a convertirse casi en el tema exclusivo de nuestros pensamientos y nuestras conversaciones durante fines de semanas enteros. ¿Por qué crees tú que sus problemas alcanzan un nivel de tanta importancia a nuestros ojos? Porque valoramos mucho a nuestros hijos.

Pero todo lo que existe a nuestro alrededor en la tierra, desde los electrodomésticos hasta nuestras posesiones, pasando por la gente y las relaciones, incluso los hijos que viven justo debajo de nuestro techo, todo ello se puede convertir en un ídolo que drena nuestra confianza en la suficiencia y soberanía de Dios. Como resultado, nos quedamos con la vana sensación de que necesitamos restablecer el control de aquello que (a nuestro juicio) Dios no está manejando de una manera aceptable para nosotros o que no lo hace de una forma que nos haga sentir seguros.

Si comenzamos a desviarnos espiritualmente en esa dirección, procurando hacer Su trabajo de la mejor forma posible, nuestros temores serán cada vez más enfermizos, más centrados en nosotros mismos, más arraigados en el orgullo y la presunción. Terminaremos alejándonos cada vez más de la confianza y el contentamiento, que es donde nuestros corazones deben descansar según la invitación que recibimos de Su evangelio.

La Biblia describe las diferentes adversidades que soportamos en la vida como una «aflicción leve y pasajera», no significa que sean artificiales ni insignificantes, tampoco significa que Dios no reconozca lo mucho que pueden pesar sobre nosotros. Están presentes, son reales. Y continúan rodeándonos. Pero, en realidad, palidecen en comparación con el «eterno peso de gloria» que Él está preparando para Sus herederos, para Sus muy amados hijos (2 Cor. 4:17).

La verdad es que todo lo que te preocupa en este momento, ya sea tu salud, tu dinero, las reparaciones de tu auto o el sistema de calefacción de tu casa, la ortodoncia de tu hijo o el novio de tu hija, tu historial crediticio o tu reputación, tu cuota de ventas o la cobertura de tu seguro, los años que te quedan en la universidad o los centímetros de más alrededor de tu cintura, todo eso te parecerá una tontería dentro de 20 000 años.

¿Sabes cómo lo sabemos? Porque si miras atrás, *veinte* años atrás, *diez* años, *cinco* años o tal vez *el año pasado*, esas preocupaciones que te estaban enloqueciendo en ese momento particular de tu vida parecerían hoy, con pocas excepciones, «leves» y «pasajeras» desde el punto de observación en donde te encuentras ahora. Cuando llegues a los sesenta, a los setenta o a los ochenta años (cualquiera que sea la edad que para ti sea futura, como nos sentíamos nosotros con respecto a los «cuarenta»), los temores que ahora te gritan más fuerte desaparecerán casi con toda certeza y solo te molestarán un poco cuando los veas bien en tu espejo retrovisor.

Imagínate, pues, cómo será dentro de 20 000 años.

Creemos que Jesús se refería a eso cuando dijo: «… ¿No es la vida más que el alimento y el cuerpo más que la ropa?» (Mat. 6:25). Si esta famosa enseñanza del Sermón del Monte te resulta familiar, sabrás cómo respaldó Su lógica señalando a las «aves del cielo» (a quienes Dios les provee su alimento diario todo el tiempo) y los «lirios del campo» (los cuales Él adorna de manera tan hermosa a pesar de su vida fugaz y estacional). Pero cuando Jesús terminó Su lección sobre la ansiedad, ya había caído básicamente en el mismo sitio donde lo vimos la última vez en el capítulo anterior de este libro, en el mar, después de calmar la tormenta que había asustado tanto a Sus discípulos. Aquel día les preguntó: «¿Dónde está vuestra fe?». Ahora les dijo: «Hombres de poca fe» (v. 30). Y también nos lo dice a nosotros.

Siempre regresa al tema de la fe. Siempre apunta al evangelio.

La conclusión de nuestro temor y ansiedad es que simplemente no creemos, no tenemos fe en la bondad de Dios. Preocuparse significa que no confiamos en que Él nos va a proveer, no creemos que Él quiere lo mejor para nosotros, no estamos convencidos de que Él es lo suficientemente sabio como para saber qué hacer para nosotros, ni siquiera estamos convencidos de que Él nos ama y haría las cosas mejor si pudiera.

Dudamos de Su *grandeza* y dudamos de Su *bondad*.

Hasta que no lleguemos a ser lo suficientemente honestos como para admitirlo, para confesar que la razón por la que tenemos temor es que no creemos que Su gobierno sobre nuestra vida es más compasivo y completo que nuestro propio control personal obsesivo-compulsivo, nunca podremos avanzar más de ahí. La preocupación y el temor siempre sabrán nuestros números y presionarán el botón de emergencia 911 ante el más ligero hipo.

Entonces, pregúntate: ¿Por qué *no* confías en Él después de todo lo que Él hizo para salvarnos de situaciones que, desde el punto de vista de la eternidad, son mucho más difíciles de desenredar que cualquier temor que podamos enfrentar hoy?

Hay razones para no confiar, de hecho, razones comprensibles. Tal vez tu corazón ha sido gravemente herido por personas que te traicionaron en el pasado. Quizás tantas cosas salieron mal en tu vida que tiendes a ser más cauteloso y escéptico, y no estás dispuesto a tener esperanza con facilidad. Tal vez estás pasando malos ratos al hacer reclamos que van más allá de tus responsabilidades, ese tipo de actitud que dice: «Si lo quieres bien hecho, hazlo tú». O cualquier otra razón que puedas mencionar. Tu análisis de por qué te inclinas hacia la desconfianza y la molestia podrían proceder de cualquier parte y por cualquier cosa.

Sin embargo, hoy puede ser un buen día para sacar al aire todo esto y comprender que, sea cual fuere el control que tú creas tener al ser tan cuidadoso y cauteloso, organizando las cosas hasta el más mínimo detalle, en realidad todo eso es una ilusión elaborada. Debido al evangelio, eso es una pérdida infructuosa de tiempo y energía.

Se te ha prometido que descubrirás, una vez que te determines a «buscar primero el reino de Dios y su justicia», que Él se asegurará de que «todas esas cosas», todo lo que con sabiduría Él sabe que necesitas, «serán añadidas» por la mano de un buen Padre (Mat. 6:33). Por consiguiente, no hay necesidad ni propósito para que el temor y la preocupación te derrumben; no cuando tienes *tan buena* protección. Mientras más experimentes y apliques esta libertad comprada por el evangelio, mientras más áreas de tu vida pierdan la capacidad de perturbarte, más te darás cuenta de que Él se convierte cada vez más en tu primer amor, el lugar que solían ocupar tantas otras cosas en tu vida, Aquel a quien tú le asignaste el más alto valor.

Él es tu paz.

Temor a la oscuridad

Soy Matt otra vez, para cerrar.

Mi lucha contra el cáncer, como ya dije, significa que a intervalos regulares tengo que programar tomografías del cerebro para supervisar mi condición. Por lo general, me entero de estos procedimientos con varios meses de anticipación, lo cual me da muchos días para saber lo que se avecina y para imaginarme los horrores que podrían descubrir esta vez cuando los médicos exploren y pinchen. Lo creas o no, los predicadores no están exentos de que sus pensamientos vuelen por allí.

Sin embargo, ahora que estoy sentado aquí, retorciendo con los dedos la tarjeta que me recuerda que voy a volver a la mesa de examen en enero, tengo que tomar una decisión, una opción evangélica. ¿Voy a creer, como Jesús prometió, que «basta a cada día su propio mal» (Mat. 6:34, RVR1960), que no tengo que tomar prestado nada más del día de mañana, que Él ya ha ido delante de mí al mes de enero y, por tanto, soy capaz de vivir el resto de este día, el día de hoy, por completo, 24 horas de celebración de Su grandeza y bondad? ¿Y qué sucederá cuando me despierte mañana antes del amanecer, incluso si el fantasma del mes de enero es lo primero que me saluda? ¿No estoy en mi derecho de decirle que se eche a un lado, pues me está bloqueando la vista de las misericordias de Dios, que «son nuevas cada mañana» (Lam. 3:22-23)?

No digo ni por un minuto que temores como los míos o como los tuyos no estén basados en la realidad. A veces sí lo están. Este cáncer me puede matar, yo lo sé. Y hay momentos en los que me aterra, días cuando preferiría no estar escribiendo sobre la ansiedad, sino regodeándome entre la autocompasión y la vil desesperación, entregado por completo al pánico.

Puesto que lo sé, yo te diría, si es que esta descripción se parece a lo que tú sientes a menudo: deja de fingir que no tienes miedo. Sé lo suficientemente hombre o mujer como para decir: «Le tengo miedo a esto», incluso si tu temor tiene que ver con algo que haga que los demás piensen que estás loco por preocuparte por eso. La invitación del evangelio es ser honestos acerca del temor y la ansiedad, «llevarlos a la luz» (1 Juan 1:7). Porque la manera como lidiamos con ellos no es huyendo de ellos, sino sacándolos a plena luz para que Dios se ocupe de ellos, para que experimentemos paz, por medio de una relación reconciliada con Él.

Hace poco, una de mis amigas murió de cáncer. Creo que ella lo afrontó bastante bien. Esa mujer amaba al Señor, estaba en paz con Él y hoy camina en gloria con Él. Su fe se ha convertido en vista. Alabo a Dios por ello.

Así, cuando mi esposa, Lauren, me preguntó después: «Matt, ¿estás bien?». Yo dije: «Sí, estoy bien». Pero como ella me conoce lo suficiente como para ahondar un poco más, dijo: «No, Matt, mírame... ¿cómo estás?».

Yo le dije, otra vez, que estaba bien. Y con toda honestidad, pensé que lo estaba. Pero ella también notó una o dos lágrimas en mis ojos, que le indicaban que quizás mi respuesta: «No, estoy bien», no era exactamente la correcta en todo mi ser. Por eso, no debí sorprenderme demasiado cuando mi amigo Josh me llamó un poquito más tarde y dijo: «Oye, Lauren pensó que tal vez debía preguntarte cómo estás. Me dijo que algo te pasa».

¿Me sentí descubierto? ¿Molesto? ¿Espiado? ¿Avergonzado?

No. Porque por mucho que me gustaría exhibir mi fuerza varonil y negar mis temores y ansiedades, el único lugar donde en realidad quiero que vivan, cuando insisten en entrometerse, es aquí en la luz, como «Él está en la luz»... donde Él nos ha dado «comunión los unos con los otros»... y donde «la sangre de Jesús su Hijo» está lista para recordarme que todas mis preocupaciones, por abrumadoras que parezcan en el momento, en realidad tienen 20 000 años o más de atraso. Imagínate lo que Su paz y prosperidad me habrán demostrado para entonces.

Es por eso que los momentos como este en realidad son esclarecedores, incluso en la dificultad. Nos dan una imagen más clara de lo que solemos ver de esa parte de nosotros (nuestro tesoro terrenal), que ya está programado para volver al polvo, al tiempo que nos dan la oportunidad de poner la mirada en la parte de nosotros que Él va a preservar para siempre (nuestro tesoro celestial). Eso no le resta nada a los problemas de hoy, a las pérdidas que sufrimos mientras vivimos bajo la maldición de la Caída. Pero nos afligimos en los amorosos brazos del Padre, en la esperanza del regreso de Cristo, en medio de las sombras que ya comienzan a verse de los nuevos cielos y la nueva tierra.

¿Sientes miedo hoy? Eso no es problema.

¿Un poco de ansiedad? No importa, yo lo sé.

No obstante, te puedo decir por experiencia personal, que uno de los actos más misericordiosos de Dios en mi vida ha sido mostrarme que en realidad —¿de verdad, Matt?—, no hay nada que yo pueda hacer excepto confiar en Él. Otro plato de espinaca no me va a salvar. Comer más arándanos azules puede ser una buena decisión, pero no va a alejar a ningún intruso indeseado de mi torrente sanguíneo. Es sabio ser buen mayordomo, pero nunca podré ser mi propio salvador.

Lo peor que puedes hacer con el temor y la ansiedad es pretender que eres demasiado fuerte para sentirlos. Lo mejor que puedes hacer es dejar que Dios se encargue de ellos.

Porque de todas formas, Él está a cargo.

Y en Él, tú estás en Su paz.

Y eso no solo es bueno, sino fantástico.

Capítulo 9

Sigue tirando

Hay que sacar raíces y poner estacas

 «Mi vida se volvió mucho más difícil después de aquel día».

Vamos a referirnos a esto como la Prueba A. En caso de que alguien haya intentado alguna vez endulzarte el cristianismo como si fuera un boleto familiar a Disneylandia, una larga y divertida experiencia con desfile de carrozas y pasteles, paseos de fantasía y fotografías; mejor puedes cancelar nuestros asientos en ese crucero en cualquier momento. No estamos aquí para ser el personal publicitario de Dios ni para ser anunciantes que no dicen nada más que cosas agradables y suaves, hablando de cheques de 1000 dólares que llegan por correo. Así que, ya seas un cristiano confundido por las dificultades que todavía enfrentas en la vida o un creyente no convencido que está bastante seguro de que la oración del pecador es un discurso vendedor, te damos la frase de once palabras que citamos al inicio de esta página, escrita por una mujer llamada Michelle cuando miraba catorce años atrás al momento de su conversión. «Aquel día» al que ella se refiere es *aquel día*. Para ponerte en perspectiva, los veintitantos años anteriores (antes de que su vida se volviera, en sus propias palabras, «mucho más difícil») incluyeron abuso infantil, alcoholismo, depresión, Prozac, un matrimonio codependiente, un trabajo como bailarina exótica (*stripper*) y un tenso momento en el piso del baño cuando le rogaba a los paramédicos que la dejaran morir e irse al infierno. Por lo que a ella respecta, seguro que no era peor que *este* lugar.

Sin embargo, a medida que uno escucha y aprende más del evangelio, del dolor y el proceso que a menudo vienen con la liberación de nuestro pecado (en un sentido práctico, en términos cotidianos), esa confesión llega a ser la descripción franca de cómo nos sentimos a veces. La vida cristiana, si se toma en serio, no es un juego. Es muy dura. Por lo general, no sigue el libreto de los testimonios que se ven en los canales de la TV religiosa, sobre todo las partes que vienen después de que la música se modula y se ve un día de campo soleado y un juego de pelota en el patio trasero.

Para Michelle significó una profunda zambullida en un perdón difícil, una relación impenetrable con un esposo que no la apoyaba, episodios contra pecados de larga data, heridas abiertas y otros asuntos del corazón que se negaban a irse tranquilamente durante la noche; cosas que no desocuparon las instalaciones una vez que el Espíritu Santo tomó residencia, cosas que nunca ocuparían los primeros lugares en su lista de cómo pasar un verano divertido.

Cosas muy duras.

Pero con el tiempo, los peligros de aprender a caminar contra los vientos de su propia segunda naturaleza habitual, la molestia de ver nuevas deficiencias expuestas a la luz de la verdad, las dudas que se burlaban de su sentido de valía y cuestionaban si ella podía recibir y aplicar la gracia de Dios, todas ellas se convirtieron en Su mano transformadora, en herramientas maestras que la liberaron para disfrutar de una libertad tangible en Cristo. Mientras más se sometía a cirugías espirituales más sanidad experimentaba, hasta que comenzó a confiar cada vez más y a sentir con más frecuencia que era una hija amada del Altísimo, que ya estaba purificada por Su sangre, y que mostraba indicadores claros de fruto espiritual como la paz, el gozo y el amor. De hecho, una de sus amigas que la conocía de la vida anterior, además le dice: «Cuando estás de pie delante de mí, Michelle, veo que eres tú, te recuerdo, pero es como si fueras una persona a quien nunca antes conocí».

Cambio.

El cambio que es producto del arduo trabajo de Dios.

Es de donde viene la buena vida.

Pero es del único lugar de donde viene.

Entonces te queremos alentar, en lo que tal vez se parezca a una especie de rotonda, a que no «desfallezcas» mientras el evangelio se renueva en ti «de día en día» (2 Cor. 4:16). Queremos tomar todas las verdades poderosas que hemos descubierto hasta ahora, así como las verdades incómodas que hemos descubierto acerca de nosotros y clavar una estaca en el suelo que diga: «Estoy comprometido con este proceso que Dios sabe que es lo mejor para mí. Me rindo a largo plazo a cualquiera de las tácticas de Dios que puedan acercarme por completo a Su amor y victoria... más todo el tiempo, más cada día».

Con el fin de continuar este proyecto, necesitamos algo más que una solución rápida.

No puede ser una bala de plata.

Una «bala de plata», como tal vez sepas, es una expresión que proviene del mito del hombre lobo. Hace mucho tiempo, en algunas culturas medievales, si se cometía un homicidio espantoso y no se resolvía, si permanecía como un misterio, el crimen se podía atribuir a un hombre lobo, una criatura mitad hombre y mitad lobo que cambiaba de forma en las noches de luna llena y se convertía en un monstruo furioso, de apetitos mortales. Pero encontrarlo y matarlo no era tarea fácil. No había cepo con resorte ni arma ordinaria que pudiera derribar a aquel furibundo proveedor del mal. La única ruina del hombre lobo que andaba merodeando era un directo y certero tiro, no con cualquier tipo de ataque explosivo, sino con un tipo especial de munición disparada desde la cámara del arma de fuego.

Una bala de plata.

Así que, las balas de plata son para películas de acción fantásticas y también para ingenuos que creen que los tipos de los comerciales de TV, que tienen los músculos abdominales bien definidos, en realidad lograron su aspecto físico poniéndose esa correíta debilucha, fabricada en masa, alrededor del abdomen durante unos míseros seis segundos al día.

Sí, cómo no.

La cosa no es así. Tú lo sabes bien, ¿no? Uno no obtiene esos músculos abdominales en seis segundos.

La madurez cristiana tampoco se obtiene así.

De hecho, se obtienen de la misma manera en que los modelos de los anuncios de Mr. Universo los obtuvieron: mediante una conducta constante, una medida saludable de disciplina, un régimen regular de ingeniería invertida.

Y para los creyentes, eso significa (1) *renunciar* a lo que es viejo, (2) *volver a arraigar* lo nuevo y (3) *pedir* ayuda a Dios todo el tiempo para continuar con la transformación en marcha.

«Mi vida se volvió mucho más difícil después de aquel día», dijo ella.

Pero un día levantó la mirada y no podía creer la diferencia.

Y tú tampoco podrás.

Renuncia y arraigo

Recuerda hoy cuán muerto estabas antes.

Si no lo recuerdas, la Biblia te lo recuerda…

…vosotros, que estabais muertos en vuestros delitos y pecados, en los cuales anduvisteis en otro tiempo según la corriente de este mundo, conforme al príncipe de la potestad del aire, el espíritu que ahora opera en los hijos de desobediencia (Ef. 2:1-2).

«Estabais».

«Vosotros estabais».

Si eres cristiano, tu vida estaba profundamente enraizada en la muerte antes de que Dios se te acercara y te hiciera de nuevo. No tenías comunión con tu Creador. Ya sea que tuvieras cinco o cincuenta años, o cualquier otra edad entre esas o después de esas, tú estabas sembrado en un suelo seco, mal alimentado, desconectado de Dios, retenido en una herencia caída llena de culpa y vergüenza, de temor y ansiedad, de ambición y orgullo egoístas, de clamores necesitados de aprobación, de anhelos mundanos, incluso de simulación y manipulación religiosas.

Y algunas de esas raíces son difíciles de sacar.

Son el tipo de raíces por las cuales «vivíamos en las pasiones de nuestra carne, satisfaciendo los deseos de la carne y de la mente», raíces que nos llevaron a dar el fruto rancio y desagradable de la ira, el abuso, el autodesprecio, la lascivia. Como resultado «éramos», por la naturaleza de nuestras almas saturadas de pecado, «hijos de ira», dice la Biblia, «lo mismo que los demás» (Ef. 2:3).

Todos nosotros. Éramos.

Sí, objetos de la ira de Dios simplemente por respirar Su aire en nuestros pecaminosos pulmones. No era «ira» como el golpe de la descarga de un rayo o la agresión repentina de un maremoto o una ola de la marea. Era más bien una oposición que aumentaba con firmeza, una distancia cada vez mayor entre Él y nosotros.

Pero Su ira, como en humildad hemos reconocido, está teñida de misericordia. Cuando la vemos en la Escritura, la ira de Dios a menudo es vista cuando Él permite que la gente persiga lo que quiera, en el conocimiento (claro está) de que para ellos será la muerte. Pero Él se mantiene a la espera, hasta que ellos lleguen, finalmente, a un callejón sin salida tan estrecho y desesperado que clamen pidiendo auxilio. Esas escenas son imágenes de la creación «sometida a vanidad». Pero, gracias a Su abundante misericordia, es una creación que todavía se ve desde la costa, que todavía está al alcance de la «esperanza» (Rom. 8:20).

Así, en esta situación adversa, «... Dios, que es rico en misericordia, por causa del gran amor con que nos amó, aun cuando estábamos muertos en *nuestros* delitos, nos dio vida juntamente con Cristo...» (Ef. 2:4-5). Ya no estamos en tiempo pasado; somos pasado, presente y futuro, todo junto. Estamos en una nueva trayectoria hacia el futuro que lleva de muerte a vida. Y aunque nuestros espíritus nacieron de nuevo en un instante como «nueva creación» (2 Cor. 5:17; Gál. 6:15), mientras la promesa del cielo es tan inalterable como Su pacto, sabemos por experiencia propia que la conversión es solo el principio del proceso que desarraiga esos instintos y actitudes defectuosos, perforando las líneas de combustible que envían energía a nuestras conductas pecaminosas.

Por ende, la vida sigue siendo dura.

Porque las raíces a menudo mueren lentamente.

Y por lo general no responden a las balas de plata.

Entonces, si hoy tú luchas con mucho esfuerzo contra algunas de esas sendas de las que hemos hablado, enfoques retorcidos de la vida que, en realidad, son indicadores de idolatría, lo más alejado que hay de estar centrados en el evangelio, hay una razón por la cual los puntos donde te duele por luchar con tus pecados y temores son tan perturbadores y tristes para ti. No debes menospreciar esas experiencias difíciles que tiran en direcciones opuestas en tu corazón y te duelen en lo profundo. Porque Dios es quien lo está haciendo. *Dios es* el único que sabe que tú nunca podrás sanar si la única solución que Él implementa en tu vida es podar la mala conducta. *Dios es* el que está permitiendo o introduciendo situaciones que ponen esa clase de presión en las raíces y Él está obrando para arrancar esa planta que te está destruyendo.

«Me hace sentir que no soy salvo». No, no. En realidad, es una de las mejores pruebas de lo contrario. La lucha por confiar en Él significa que Él puso nuevos deseos en tu corazón. «¿Por qué? ¿Por qué esto? ¿Por qué es tan difícil?». Porque Él te ama mucho. Porque Él está pensando diez millones de pasos delante de ti, mucho después de este fin de semana, el próximo año fiscal o las vacaciones que planeas para el verano. Él quiere que tú seas completamente libre para disfrutar y explorar lo que sea que venga después, para experimentarlo todo como una parte conectada de tu vida con Él, no para estar atado a obstáculos y secretos que te impiden ser plenamente tú mismo y estar vivo por completo a cada momento. Más allá de eso, Él quiere bendecir a las generaciones que te siguen con amor, vida y muchas menos cargas. Mientras más implacable sea Su trabajo en tu huerto, en lo profundo de tu corazón, más improbable será que las raíces debajo de tus hijos y nietos sean duras y casi imposibles de cortar.

Entonces, es por eso que las manos del Espíritu Santo están entrelazadas alrededor de esas raíces gigantes de tu vida, esas raíces que parecen estar ensortijadas e incrustadas en un lecho de roca o tal vez se extienden hasta el otro lado del mundo. Sí, duele cuando uno siente que tiran de ellas y se astillan. Duele incluso más cuando nos resistimos y tiramos en dirección contraria. Sin embargo, la única forma de impedir que esas raíces crezcan hasta convertirse en una maleza horrible es que Él las arranque con suficiente fuerza, hasta que no quede ni la más diminuta extremidad.

Así que no lo desprecies.

Renuncia a la raíz, pero no al Jardinero.

Y vuelve a sembrarte en el suelo del evangelio, donde puedan crecer raíces nuevas y santificadas que se conviertan en un fruto mucho más delicioso.

Tú podrías decir: «Bueno, no me importa, estoy harto». Sí, te entendemos. «Me podría dejar tranquilo un rato, no sea tan exigente». Pero al hablar por nosotros dos, los autores, ambos con amplia experiencia en la vida cristiana, tan amplia que esas raíces mal puestas deben haberse convertido ya en oscura tierra fertilizada y con gusanos, las viejas plantas todavía salen de quién sabe dónde y nos sorprenden por lo mucho que han crecido. «¡Caray! Creía que me había deshecho de ese pecado. Ya estaba pensando en otra cosa». A veces no podemos *creer* que estemos lidiando otra vez con este problema en particular. Pero cuando Dios nos muestra lo que todavía somos capaces de producir de las raíces que no están totalmente enterradas en Él y Su verdad, no solo es la manera de Dios para ser desafiados con sabiduría, sino que también nos revela Su amor, porque nos ama demasiado como para dejar las cosas así, donde pueden seguir hiriéndonos, herir a los demás e impedirnos glorificarlo con nuestra improbable obediencia.

Repetimos, para aclarar, que esas raíces son los deseos de nuestro corazón. El problema no es que estén presentes y que tengamos deseos. El problema es dónde procuramos sembrarlas, dónde las estamos arraigando. Si las arraigamos en el reino del mundo, en cosas terrenales y metas que no pueden satisfacernos, esas raíces no tienen más opción que brotar como fruto malo (adicciones, ansiedad, depresión, abuso, ira que lleva al pecado, etc.). Pero si arraigamos esos mismos deseos en el reino de los cielos, en las verdades y las promesas de Dios, producirán más bien el fruto del Espíritu dentro de nosotros (amor, gozo, paz, paciencia, amabilidad, bondad, fidelidad, humildad y dominio propio, Gál. 5:22-23). Nos van a mantener plantados bajo la cascada de gracia que recibimos por medio del evangelio de Jesucristo.

No solo eso, sino que «en los siglos venideros» Él nos va a mostrar incluso *más* razones amorosas de por qué valía la pena servirlo como nuestro Rey y por qué invirtió tanto en nosotros, cosas que posiblemente no lograremos entender hasta que Él nos revele por toda la eternidad «las sobreabundantes riquezas de su gracia» y la asombrosa bondad que había detrás de toda Su actividad hacia nosotros (Ef. 2:7).

Entonces, mientras tanto, empleamos la ética constante de *renunciar* a quienes fuimos una vez, esos rasgos y reflejos que todavía pueden ser tan naturales y justificables para nosotros, al tiempo que *volvemos a enraizarnos* de continuo en la promesa del evangelio de que «somos hechura suya» (en realidad, se podría leer, «somos su *poesía*»), «creados en Cristo Jesús para *hacer* buenas obras, las cuales Dios preparó de antemano para que anduviéramos en ellas» (Ef. 2:10); que «os despojéis del viejo hombre, que se corrompe según los deseos engañosos» y en su lugar «… que seáis renovados en el espíritu de vuestra mente, y os vistáis del nuevo hombre, el cual, en *la semejanza de* Dios, ha sido creado en la justicia y santidad de la verdad» (Ef. 4:22-24).

Eso «somos».

Estábamos muertos en nuestros delitos y pecados. *Seguíamos* la corriente y el patrón de este mundo. *Éramos*, por nuestra misma naturaleza, objeto de la ira de Dios.

Pero Dios nos dio vida con Él.

Y eso quiere decir que siempre es la estación adecuada para sembrar.

Instrucciones para llegar

Día a día, una ética continua.

No una bala de plata, sino una verdadera relación.

Una frase que se encuentra con frecuencia en los escritos de Pablo en la Escritura es «de una vez y para siempre». Damos gracias a Dios porque muchos aspectos del evangelio y Su favor misericordioso para con nosotros son «de una vez y para siempre».

Sin embargo, renunciar y volver a arraigar no es «de una vez y para siempre». Ocurre día a día, por medio de lo cual «nuestro hombre exterior va decayendo» y «nuestro hombre interior se renueva de día en día» (2 Cor. 4:16). Una de las razones por las que Dios administra el proceso de esta forma es porque nos mantiene pidiéndole, suplicándole. Nos impide salir corriendo de manera independiente donde lo único que lograríamos sería que se nos fueran los humos a la cabeza y olvidáramos que todas las bendiciones del evangelio son el resultado de estar escondidos en Cristo, identificados con Dios.

Entonces, las peticiones se convierten en una experiencia diaria y constante también, admitiendo nuestra necesidad y estando con Él; arrepintiéndonos y recibiendo, confesando y cambiando. No nos quedamos empantanados en las luchas del año pasado, ni preocupados por saber cuánto tiempo seguiremos tan sujetos a las mismas tentaciones (las cuales, a propósito, no son pecado, pero se sienten como si lo fueran). Simplemente nos concentramos en triunfar ese día. Ese es el objetivo. *Triunfar ese día* y seguir caminando en Él y hacia Él, día tras día confiadamente, dándole gracias por no escatimar esfuerzos para impedirnos disfrutar de Él.

Porque la verdad del asunto es que la vida va a ser dura de todas formas. Lamento tener que decírtelo así. Ya sea *con* Cristo o *sin* Cristo, a pesar de los abundantes buenos momentos y las razones para celebrar, hay muchas cosas en el futuro que no son para celebrar. Los cristianos que están cansados de luchar y los demás, que ven el cristianismo como una carga que no tienen que llevar ahora mismo, tienen que darse cuenta de que la vida se vuelve dura para todo el mundo, de una manera u otra.

No obstante, cuando te acerques a tus últimos días antes de escabullirte a la eternidad, con un hilito de vida todavía tirando unas cuantas veces más en tu sistema de raíces, ¿quieres secarte sin recibir nada a cambio o quieres sentirte ejercitado y rejuvenecido por lo que Dios ha hecho para transformarte?

«Michelle, veo que eres tú, te recuerdo, pero es como si fueras una persona a quien nunca antes conocí».

Se trata de alguien que está mejor preparada para la batalla, que se parece a Cristo cada vez más porque lo adora a toda costa.

Capítulo 10

Vete en paz

Reconciliación y enmienda

Si uno le preguntara a un grupo de personas si pecaron de manera individual contra alguien o si han herido a otra persona de alguna forma en los últimos doce a dieciocho meses, casi todo el mundo levantaría la mano. Por ejemplo, en una reunión de alrededor de 5000 personas en nuestro recinto de Flower Mound, Texas, se planteó esa pregunta un domingo en la mañana y un sólido 85 % levantó la mano (con los ojos cerrados) para decir que sí. Si calculamos que hay un 10% o más al que le molestan esas preguntas en las que hay que «levantar la mano» en la iglesia o en público (¿quién no levantaría la mano si le preguntaran si tiene una mano derecha?), más el porcentaje de personas que pocas veces admite sus propias faltas, si es que las admite, y por supuesto no te las diría a *ti*, incluso si lo hicieran; de repente llegamos a una proporción muy cercana a uno de cada uno: casi total unanimidad.

Sabemos que este método no es científico, pero no se necesita ser un genio de las matemáticas para extrapolar una hipótesis bastante certera: si tienes más de 6 años de edad y posees las facultades mentales para leer este libro, es casi seguro que tú también dirías: «Sí, eso me incluye a mí. Yo he hecho eso. He pecado contra alguien, tal vez hace poco, y no he dado verdaderos pasos para pedir disculpas ni arreglas las cosas».

Todos lo hacemos.

Deducirlo no requiere que seamos ingenieros nucleares, como dicen algunos.

Por lo tanto, eso quiere decir que en una o dos semanas, si nos tomamos esto en serio, en casas y cafés, oficinas y restaurantes por doquier, miles de personas como tú (y nosotros) podrían estar coordinando conversaciones con otras personas en sus vidas y posiblemente eliminando enormes obstáculos de esas relaciones, por no mencionar una molestia irritante de nuestra conciencia. Lo que es más importante, estaríamos reflejando lo que es una marca distintiva del evangelio, Jesús dijo: «En esto conocerán todos que sois mis discípulos, si os tenéis amor los unos a los otros» (Juan 13:35).

Los resultados podrían ser fenomenales, tanto espirituales como para el reino de Dios.

Sin embargo, uno no se mete en esas aguas agitadas sin estar preparado. De hecho, es por eso que organizamos deliberadamente el material de este libro de la forma como lo hemos presentado; porque hasta que no nos demos cuenta de que por medio de Cristo hemos sido perdonados por completo, declarados inocentes, aceptados sin reservas como hijos en quien el Padre se deleita y que hemos recibido un medio de eliminar de manera legítima la carga de nuestra culpa y vergüenza, nuestro temor y ansiedad, nuestra ira, nuestro abuso, nuestra lascivia y nuestra rebelión, no estaremos en realidad en un lugar de libertad para procurar o arriesgar el perdón de otra persona.

La Regla de Oro da un ejemplo bueno y conciso de lo que decimos aquí. Jesús dijo que el mayor de todos los mandamientos es: «Amarás al Señor tu Dios con todo tu corazón, y con toda tu alma, y con toda tu fuerza, y con toda tu mente; y a tu prójimo como a ti mismo» (Luc. 10:27). Hay una razón para esa secuencia, una razón por la que una viene antes de la otra. Si tenemos algún problema para amar a los demás, la segunda parte de la declaración de Jesús, es ante todo una indicación de que algo no está bien en nuestra relación de amor con Dios. Si la reconciliación con otra persona va a ser genuina, no para probar algo, sino sencillamente para demostrar el amor de Cristo y la transformación que Él produjo en nuestro corazón, entonces en primer lugar debemos estar alineados de manera vertical y descansar en Él. Tenemos que saber cuán amados somos y tenemos que sobreabundar en agradecimiento y amor por la gracia y el perdón que Él nos dio por medio de la salvación.

No, el hecho de estar reconciliados con Dios no nos hace, de repente, inmunes a pecar contra los demás ni tampoco nos protege de que los demás pequen contra nosotros (un avance no muy sutil del próximo capítulo). Pero la recuperación de la redención quiere decir que ni siquiera la manera en que lidiamos con estas dificultades horizontales de la vida fue redimida por completo por medio del evangelio.

Así que prepárate.

Todavía hay *más* libertad para ti en tu futuro.

Los términos del compromiso

Recordarás que en los primeros capítulos hablamos de las cuatro categorías generales de sendas torcidas por las que todos andamos, con la esperanza de tratar de alcanzar la redención. Antes de ser salvos, estamos confinados, para decirlo en pocas palabras, a una o a las cuatro estrategias condenadas al fracaso. Y hasta los que hemos recibido a Cristo como Salvador, a menudo volvemos a jugar con ellas en diferentes momentos de la trayectoria. ¿Te acuerdas de cuáles eran?

Recurrimos a *nosotros mismos* para tratar de ser lo suficientemente buenos.

Recurrimos *a los demás* en busca de su aprobación y aceptación.

Recurrimos *al mundo* esperando que nos mantenga el tanque lleno.

Recurrimos incluso *a la religión* y convertimos la fe en un juego.

Sin embargo, entre los peligros que implica (ya hemos abordado muchos de ellos) meternos en esos pozos secos y desiguales, surge otra clasificación de problemas alrededor del área de nuestras relaciones. Por ejemplo, si estamos obstinados en poner toda nuestra energía en crear mejores versiones de nosotros mismos, en volvernos tan fuertes como para que pensemos que tenemos éxito en la vida, ¿no estamos casi obligados a usar a los demás como palanca para que nos ayuden a llegar allí? ¿No es necesario usar a otras personas como materia prima que ensamblamos y empleamos para nuestros propios propósitos? Tal vez logremos que nos digan lo fantásticos que somos, que hagan lo que queremos que hagan. Pero ¿es esa una forma verdadera de cultivar amistades? ¿Es esa una manera sana y útil de dirigir una familia o de interactuar en ella? ¿De administrar un negocio? ¿De hacer nuestro trabajo? ¿No dejamos atrás, de forma invariable, una pila de cuerpos maltratados, heridos, descartados, si nuestra principal devoción es el culto al yo?

Podríamos seguir hablando y examinando las otras cuatro opciones… porque todas siguen la misma progresión. Todas las sendas improvisadas que tomemos causarán una erupción de daño colateral que contaminará toda nuestra vida con personas a las que les pedimos demasiado, de las que nos aprovechamos, de las que nos cansamos y de quienes estuvimos terriblemente celosos. Vamos a amargarnos más, a enojarnos más, a estar más resentidos, frustrados, a ser más dominantes, desconfiados, implacables y a sentirnos más decepcionados.

En otras palabras, vamos a pecar contra otras personas.

No hay otra forma.

Cada vez que no estamos convirtiendo a los demás a las mismas realidades gloriosas que sellaron nuestra *propia* redención en Cristo, estamos a un centímetro o menos de hacerle algo malo a otra persona: como no escucharlos, no preocuparnos por ellos, no trabajar arduamente por ellos, no valorarlos, y todas las diferentes y horribles expresiones que pueden personificar nuestra falta de amor verdadero. No vamos a darle a la gente el beneficio de la duda. No vamos a sentirnos inclinados a ser clementes. Asumiremos con demasiada prontitud nuestra posición de ataque, estableciéndonos en un terreno de guerra. Vamos a estallar ante las injusticias percibidas y responderemos con contraataques. Vamos a ponernos en contra de las personas. Lo haremos todo y sabremos que lo hacemos, y a veces no va a importarnos.

Pero Dios, en momentos como esos, en una de esas intromisiones algo incómodas de Su gracia, muy fielmente va a ponernos una ligera presión, un peso saludable que implica una acción necesaria, casi como cuando un padre le pone la mano con suavidad en la espalda a su pequeño y lo impulsa a disculparse con su amigo o con el dueño de la tienda de la cual robó un caramelo.

Nuestro Padre es así. Aquel que nos buscó para hacer las paces, también desea que respondamos a los demás de la misma forma...

Procurando la paz.

Y si comprendemos debidamente Su evangelio y queremos ser moldeados por ese evangelio, veremos este proceso desde una perspectiva totalmente distinta de como lo veíamos antes. En lugar de volvernos expertos en los pecados de los demás mientras pasamos por alto los nuestros, en vez de trabajar para asegurarnos de terminar con la mejor parte del trato sin manchar nuestra reputación, vamos a tomarnos en serio nuestras ofensas y vamos a preocuparnos por magnificar el carácter de Dios por medio de nuestra vida y no vamos a luchar para preservar nuestra falsa dignidad.

Lo vamos a hacer a Su manera.

Piénsalo en términos de *autoridad*. Tú nunca le responderías a un policía que te parara: «¿Qué? ¿Dice usted que me quede dentro del auto? ¿Por qué no regresa usted a *su* auto, y yo voy y le hago *a usted* unas cuantas preguntas?». Tú nunca le contestarías a tu jefe con exigencias: «Oiga, yo le voy a decir cómo tiene que administrar esta compañía. Le diré cuántas horas voy a trabajar, le diré a qué hora voy a venir en la mañana, le diré cuánto dinero usted me va a pagar y también le diré lo que va a suceder si usted no hace lo que yo diga». Es evidente que la cosa no es así. El que está *bajo* autoridad, en esas tensas situaciones, se sienta en el asiento de atrás y el que tiene la autoridad asume la responsabilidad de cómo van a realizarse las cosas.

Cuando los creyentes tienen conflictos con otras personas, Dios sigue siendo la autoridad, no nosotros. Él está a cargo de dirigir lo que tiene que suceder por el bien de Su propio Reino. Como resultado, lo que Él desea lograr al llevarnos de vuelta a estar en buenos términos con las personas a quienes lastimamos o herimos de alguna forma, es de suprema importancia en comparación con nuestro propio deseo de justificarnos, de llegar a un arreglo o de forjar una nueva comprensión sobre lo que esperamos que esa otra persona haga o sienta en el futuro.

Fíjate en algo: Dios solo quiere que busquemos la paz.

En la forma en que *Él* la busca.

Romanos 12:18: «Si es posible, en cuanto de vosotros dependa, estad en paz con todos los hombres».

Si el evangelio no entra en la resolución de estos enfrentamientos, si no nos importa lo que Dios quiere, entonces claro, puede tratarse solo del dinero. Puede tratarse del principio del asunto. Puede tratarse de nuestros planes sobre cómo queremos pasar el fin de semana o a la casa de quién queremos ir para Navidad. Puede tratarse solo de ganar, de desquitarnos con alguien, de demostrar que tenemos la razón con un bosquejo detallado.

Pero con el evangelio en su sitio, «el amor de Cristo nos apremia» (2 Cor. 5:14), en vista de Sus propias misericordias sacrificiales para con nosotros, a no medir a la gente y nuestros encuentros con ellos «según la carne» (v.16), como si lo más importante en esta pelea fuera el cinturón del título por el que estamos peleando cada uno de nosotros.

No. No hay nada «según la carne» que importe ya. No para los creyentes. El evangelio nos lleva mucho más lejos. Todas las demás cosas que deseábamos ganar en nuestra competencia con los demás vinieron de *nosotros*, de nuestras propias y pequeñas irritaciones y enfados, de nuestro corazón cambiante, gruñón, absorto en sí mismo.

Sin embargo, de ahora en adelante, «todo esto procede de Dios, quien *nos reconcilió* consigo mismo por medio de Cristo, y nos dio el *ministerio de la reconciliación*» (v.18).

Ahora vamos en pos de algo totalmente distinto.

Y eso cambia por completo la manera en que decimos: «Lo siento».

Corrección de la visión

La terapia cognitiva nos presenta el concepto de un *esquema*, que se refiere a la lente a través de la cual vemos el mundo. Pon ambas manos a unos 15 centímetros frente a tu rostro, pon los dedos en ángulo unos contra otros para formar una máscara de portero o un panal de abejas, y estarás viendo la vida a través de la rúbrica de tu propia visión, recuerdos e interpretaciones. Estás tomando lo que quieres tomar y dejando fuera lo que quieres dejar fuera. Estás viendo la vida a través de tu propia rejilla.

Es por eso que cuando dos o más personas vuelven a contar un hecho que observaron juntas, como lo que sucedió en el auto aquella noche o lo que se dijo después de que él dijo lo que ella dijo y ellos dijeron, los diarios que resultan de todo eso pocas veces dicen exactamente lo mismo. *Salió bien, ¿verdad?;* a diferencia de: *No, ¡aquella fue la peor noche de mi vida!*

El mismo lugar de los hechos, múltiples informes.

Si algo ocurrió durante esa interacción que hirió sentimientos o que hizo que se tomaran partidos, puedes estar seguro de que del grupo global que abarca toda la responsabilidad de lo que sucedió, la culpa se repartirá en alguna medida entre los participantes; si no en un 50-50, tal vez más en un 60-40 o 75-25. Pero *casi nunca*, y esto lo decimos a partir de una larga experiencia como esposos y como padres, como pastores y consejeros que hemos andado con muchas personas por toda clase de zonas de guerra, *casi nunca* es unilateral, 100-1. Abuso infantil, incesto, violación: probablemente todos estaríamos de acuerdo en los ejemplos extremos en los cuales no se aplicarían exactamente las mismas conclusiones. Sin embargo, en la gran mayoría de las interacciones de la vida, cada uno contribuye con su parte de responsabilidad.

Es cierto que uno de los combatientes pudo haber hecho mucho menos que el otro para comenzar el fuego o revolver la olla. Es posible que se hayan comportado de una manera paciente y honorable, considerando lo que sucedió. Pero por lo general, hicieron *algo*. El porcentaje de su lado de la ecuación se puede calcular en menos de quince, nada más que una recepción fría, tal vez, pero se registra en el termómetro. Y un 20% de pecado, aunque se vea pequeño ante el 80% de otra persona, sigue siendo pecado.

Y nuestro pecado distorsiona (Jer. 17:9).

«Bueno, yo no habría hecho eso si él no hubiera… si ella no hubiera…». Sí, claro. Creemos que la mitad de los versículos de la Biblia están marcados con pequeños asteriscos que dirigen a un descargo de responsabilidad al pie de la página que dice: «Excepto tú…» o «Excepto cuando alguien en realidad se porte mal contigo». Podemos racionalizar toda nuestra conducta apelando a una exención basada en lo que otra persona hizo para provocarnos. «¿Qué voy a hacer, Dios, si alguien así trabaja contra mí todo el tiempo?».

Pues, parece que Él ya nos ha *mostrado* lo que Él haría: tomar la iniciativa y perdonar, participar y reconciliar, procurar la paz a toda costa.

¿Por qué debía ser distinto en nuestro caso?

Es por eso que Mateo 7 suele ser el lugar adonde acudir cuando hay que manejar un conflicto o la responsabilidad personal de forma bíblica. Es la vieja analogía de la viga en el ojo ajeno (vv. 3-5), donde Jesús aborda nuestra tendencia a obsesionarnos con las oscuras faltas de nuestro oponente («la mota que está en el ojo de tu hermano») mientras que al mismo tiempo hay una viga incrustada en tu propio *ojo*. Tal vez sea un poco brusco, pero es muy cierto.

Pero si escuchaste este pasaje del Nuevo Testamento tantas veces que casi perdió la capacidad de afectarte, síguenos a un territorio menos conocido como Ezequiel 14, donde Dios habla a uno de sus profetas mayores. El pueblo de Israel, dijo Dios, había erigido «sus ídolos en su corazón» y había «puesto delante de su rostro lo que los hace caer en su iniquidad» (v.3). ¿Qué debía hacer entonces cuando este pueblo acudiera a Él, o cuando acudiera a uno de los profetas en busca del consejo de Dios y dirección o guía en diferentes situaciones de su vida para las cuales necesitaban ayuda?

He aquí una pregunta mejor: ¿cómo podía este pueblo esperar ver el rostro de Dios o la luz de Su Palabra si de una manera deliberada colocaba un ídolo en su punto ciego, «que lo hacía caer en su iniquidad», compuesto en su totalidad de sus propios pecados de los que no se había arrepentido? ¿Qué clase de dirección divina podía esperar seguir si ni siquiera lograba ver lo suficientemente bien como para saber de dónde venía Su voz?

Esas cosas que te hacen caer en tu iniquidad, las cosas que valoramos, amamos e incluso idolatramos, distorsionan nuestra capacidad de ver correctamente y luego nos hacen tomar decisiones basadas en esas distorsiones. No debemos esperar nunca ser capaces de comprender la voluntad de Dios ni ver con suficiente claridad como para saber cómo reaccionar con sabiduría en nuestras luchas en las relaciones si lo estamos buscando en medio de un laberinto de pecado.

De manera que Dios dijo que, antes de que Él pudiera hacer nada, Él primero tenía que «alcanzar a la casa de Israel en sus corazones» porque se habían «apartado» de Él al poner sus propias iniquidades entre ellos y Dios (v. 5). Habían permitido que una pila de cajones se acumulara en su patio, obstáculos que solo les impedían conocer o seguir la guía de Dios mientras se negaran a dejarle lidiar con su basura, permitiéndole romperlos y sacarlos del camino... eliminando así la separación.[2]

Lo que esto nos dice es muy importante: que en realidad pecamos contra Dios cuando dejamos que esas vigas (o incluso nuestras propias motas) se sigan apilando. Antes de que hayan terminado de hacer daño, nos habrán llevado una y otra vez al orgullo y la autoprotección, creando una distancia entre nosotros y nuestros hermanos y hermanas, esposas y esposos, padres y suegros y cualquier otra persona que pudiéramos nombrar de manera personal que nos haya maltratado, utilizado o comprendido mal.

Tenía que ser el libro de Números (de todos los otros) el que resaltara la coherencia de esta conexión. Dios dice:

> ...El hombre o la mujer que cometa cualquiera de los pecados de la humanidad, actuando pérfidamente contra el Señor, esa persona es culpable; entonces confesará los pecados que ha cometido, [ahora fíjese en esto] y hará completa restitución por el daño *causado*, añadirá un quinto y *lo dará al que él perjudicó* (Núm. 5:6-7, énfasis añadido).

¡Qué interesante! El pecado de la persona en esta instrucción se describe como «actuando pérfidamente contra el Señor». La infracción es contra Dios. Pero nuestros diferentes pecados, por su naturaleza concéntrica, inevitablemente repercuten y crean desastres en nuestras relaciones. Por lo tanto, no podemos pasar por alto a Dios sin también perturbar nuestra paz y unidad con los demás. Las consecuencias siempre van más allá de las fronteras de nuestro propio corazón. Por eso, nuestra reacción al pecado reconocido, dice el Señor, además de confesárselo en privado, también tiene que incluir la práctica regular de ir a las personas que hemos afectado por medio de nuestra desobediencia y hacer la restitución debida por nuestra ofensa; no, en realidad hay que «añadir un quinto». Hay que llevar algo extra. Debemos mostrar con la seriedad y la extravagancia de nuestro humilde deseo que estamos decididos a hacer las paces.

Y eso lo haría solamente un corazón transformado por Dios.

La reconciliación que Él produjo para nosotros, si la examinamos y la entendemos bien, comienza a tocar un nuevo ritmo en nuestro corazón, una celebración gozosa de Su gracia y misericordia inmerecidas. Pero es un ritmo que se debe improvisar hasta que nos llegue a los pies, hasta que dancemos en comunión con Él, por lugares donde participamos en diferentes roces e incidentes que han separado a amigos y familiares, donde decepcionamos a los demás y les rompimos el corazón. De esta forma, el ritmo de la reconciliación se convierte en un movimiento fluido de adoración vertical y una búsqueda de unidad horizontal. Y antes de que te des cuenta, la música del evangelio estará haciendo lo que siempre hace.

El evangelio cambia las cosas.

Imagina las posibilidades

¿Y cuando no parece cambiar *nada*? ¿Qué hacemos cuando ellos no nos perdonan?

He aquí la dura realidad. El pecado, como un proyecto de construcción municipal, casi siempre es más costoso de lo que la gente cree o espera que sea. Los sobrecostos pueden ser grandes y tornarse rojos. Cuando pecamos contra los demás y creamos discordia, perdemos la capacidad de determinar la profundidad de la herida que infligimos. Por tanto, hasta nuestra más humilde y genuina expresión de arrepentimiento siempre es susceptible de ser pasada por alto y despreciada, y corremos el riesgo de que nos manden a paseo. Para tomar prestada la terminología del capítulo anterior, nuestras súplicas de perdón no son «balas de plata». Puede que no logren los resultados deseados.

Debemos aceptarlo… porque eso es más de lo que podemos controlar. A veces tenemos que aceptar la meta mínima de nuestros esfuerzos por hacer las paces (al menos de manera temporal) como la máxima recompensa. No podemos exigir reciprocidad ni garantizar un abrazo o un apretón de manos al final.

Pero…

Podemos asegurarnos por tercera vez de que vamos a esa confesión con un corazón totalmente arrepentido, confiados en el perdón de Dios y con el único objetivo de orar para poder establecer la paz con esa persona, si es que la paz en realidad se puede obtener.

1. Podemos asumir la responsabilidad. Podemos poner el 100 % de nuestra parte por cada punto porcentual de pecado que hayamos cometido y agregarle algo más. Podemos mirar dentro de nosotros mismos para encontrar la falta, en lo más profundo de nuestros pensamientos y motivaciones que nos llevaron a lidiar con otra persona de una manera cobarde o grosera. Podríamos ser solo culpables (o protagonistas principales) de haber reaccionado mal a lo que hizo esa persona, ya fuera mostrando mal genio o reteniendo nuestro interés y nuestro afecto hacia la persona. Pero con el evangelio sobre nuestras espaldas, podemos asumir la total responsabilidad de todo lo que hicimos.

2. Podemos evitar todas las acusaciones. El guión cliché del conflicto en las relaciones exige que todo el mundo crea que la otra persona es más culpable por lo que sucedió. Entonces, si tú de alguna manera anhelas sentirte como un niño de 9 años en el patio de juego otra vez, permítete descender al más bajo común denominador de los desacuerdos más frecuentes de la vida. «Pues, *tú* empezaste». «No, *tú* empezaste». «No, tú». «No, tú». Señor, ayúdanos a no expresar semejante puerilidad. Más bien, que podamos decir en nuestras interacciones: «No te estoy acusando de nada ni te estoy pidiendo nada, excepto perdón». Eso es. ¡Caso cerrado!

3. No podemos fabricar excusas. ¡Nada de «si», «pero» o «quizás»! No podemos tratar de construir plataformas improvisadas para nuestros pecados sobre los pilotes de las palabras o acciones de otra persona. No podemos juzgar nuestra propia justicia basándonos en los términos de lo que hizo alguien más, sino más bien en los estándares santos e inmutables de Dios. En lugar de ello, debemos mencionar específicamente lo que hicimos, reconociendo el dolor y la dificultad que causamos en sus vidas y dejando la pelota suavemente en su cancha, entendiendo que pueden tomar el tiempo que sea necesario para aceptar nuestras disculpas, esperando que nos ayuden a reconstruir lo que nosotros contribuimos a derribar.

Sin embargo, si a pesar de nuestra limpia conciencia e intenciones auténticas, la persona con la que intentamos hacer las paces no nos cree o no desea participar en la reconciliación que estamos buscando, la Escritura nos deja una única y santa alternativa: bendecirlos y seguir adelante… y seguir orando y asegurarnos de ser coherentes y auténticos con ellos. Seguiremos aprendiendo lo que podamos aprender, seguiremos esperando que ellos un día puedan *liberarse* de los tormentos que puede causar la falta de perdón. Cuando llegue ese día, si es que llega, nuestra alegre y sosegada gratitud habrá permanecido tan fresca y amorosa hacia ellos como si nos hubieran perdonado en aquel mismo momento.

Las relaciones no siempre se pueden restaurar plenamente de este lado del cielo pero, cuando lo admitimos, no estamos acusando al evangelio. En Cristo no existen las diferencias irreconciliables. Cuando no ocurre la restauración es porque alguien, en alguno de los lados de la ecuación, no se aferra a las promesas hechas por Dios. No están dispuestos a soltarse y comenzar a cantar la canción de la redención.

Por lo tanto… «Si es posible» (lo cual quiere decir que a veces no lo es), «en cuanto de vosotros dependa» (lo que significa que ellos podrían no darte la respuesta que tú esperas), «estad en paz con todos los hombres» (es decir, probablemente sea hora de que tú comiences a hablar).

Levantas la mano y la reconciliación te hará una visita.

Capítulo 11

Siente la acidez estomacal

La confrontación y el perdón

Tal vez fue el café con leche de soya y vodka que ella llevó a la escuela dominical. Tal vez fue el olor a alcohol en su aliento, que ya estaba presente en el almuerzo. Por eso, tal vez ella debió ver que eso se venía. Pero cuando Brenda, la amiga de Kristine, la confrontó una tarde acerca de su problema con la bebida, ella reaccionó con prontitud diciendo cosas como: «¿Cómo te atreves?» y «No entiendes» … «No tienes ni la más remota idea de lo que estás diciendo ni de las cosas por las que yo he pasado en la vida».

Es verdad que ella había estado bebiendo desde que tenía doce años y había usado el alcohol como medicación durante los años de secundaria y universidad, tratando de acallar los ruidosos demonios del abuso sexual, la vergüenza y la decepción. Pero fue un frío día en Honolulú, antes de que ella reconociera de nuevo lo que Brenda le había dicho, al igual que el esposo de Brenda, Tom, que era profesor de la escuela dominical para solteros en la iglesia y también la aconsejaba los viernes por la mañana.

La gente que tiene «problemas con la bebida» vive debajo de los puentes en el centro de la ciudad, no es gente como Kristine. Ella tenía un empleo, un *buen* empleo, gracias, en el ramo de la contabilidad empresarial, un apartamento, un auto nuevo, dinero en el banco, amigos. ¿Bebía? Sí, eso no era ningún secreto. Pero ¿hasta el punto de ser un problema? ¡Vamos! *¡No es para tanto!*

Pero, dejemos a un lado esta historia y veamos cómo está Kristine unos cuantos meses después. Era un día de semana ordinario, temprano a las 7:00 de la mañana. Kristine se alistaba para ir a trabajar y sin embargo, sus pensamientos ya estaban frenéticos, incluso a medida que se preparaba dando vueltas por la casa. Su negación e indignación por las audaces acusaciones de Brenda apenas se habían enfriado un grado, tal vez se habían calentado más a medida que pasaban las semanas. Los mismos sentimientos, las mismas defensas, el mismo resentimiento desafiante por haber sido acusada de una manera tan directa, todo le creaba la sensación de que la cabeza le daba vueltas. O… un momento… ¿acaso la sensación de que la cabeza le daba vueltas venía de… del trago que tenía en la mano? ¿El trago que se había convertido en algo tan rutinario en el desayuno que había dejado de pensar que no era normal, que no era común?

Son las 7:00 de la mañana.

Y yo estoy bebiendo.

¿Quién empieza a beber a las 7:00 de la mañana, a menos que …?

Ese día Kristine llamó a Brenda y le dijo que tenía razón. *Por supuesto* que tenía razón. Y quizás Tom también tenía razón, pues se había tomado la libertad de hacerle una cita para recibir tratamiento como paciente interna en un hospital. Eso no quería decir que Kristine había terminado su pataleta (gritos, puñetazos, malas palabras, llanto); una pataleta que se resistía a la necesidad de buscar una ayuda tan radical para su «problema». Pero cuando el médico la tomó del brazo para asegurarse de que ella entendía que sus análisis de sangre indicaban que, si continuaba con el hábito de la bebida, no sobreviviría otros cinco años a la fuerte hepatitis que la afectaba, ella se dio cuenta de que sus piadosos amigos no querían hacerle daño, sino amarla.

¿Habían herido sus sentimientos? Sí, mucho. ¿Le habían dado una puñalada en el corazón? Sí, con una cortante franqueza; y habían retorcido el puñal hasta que le dolió. Pero ¿está viva hoy en Cristo gracias a amigos fieles que se preocuparon por ella lo suficiente como para confrontarla con lo que la estaba matando?

Digamos que el evangelio es mucho más duro de lo que creemos.

¿Lucha o escape?

La gran mayoría de nosotros somos veteranos cuando se trata de evitar conflictos.[3] A partir de diferentes experiencias en la vida, llegamos a la conclusión de que el riesgo de que sucedan cosas malas como respuesta a conversaciones difíciles, francas, por lo general hace que no valga la pena el esfuerzo de iniciar esas conversaciones, nunca. Parecen malas y suenan malvadas. Lo único que lograrán es causarnos mucho estrés, molestias, nervios y silencios incómodos. Lo más probable es que, al final de todo, terminen viéndonos como el enemigo.

Hasta cierto punto, tal vez tengamos razón en alejarnos de la mayoría de esas confrontaciones, sobre todo de aquellas que lidian con pecados que nos causaron otras personas de manera directa. Es nuestra «gloria», dice la Biblia, «pasar por alto una ofensa» (Prov. 19:11). Una de las características de la madurez cristiana es la disposición a absorber y perdonar toda fealdad o injusticia que nos caiga encima, dejando que nuestro deseo de venganza o refutación caiga tranquilamente al suelo. La «blanda respuesta» es la estrategia sabia y bíblica para reducir la animosidad que se va acumulando y pasar a un uso más conducente de nuestra energía y atención (Prov. 15:1).

Sin embargo, hay maneras de saber cuándo la desviación sana se convierte en negación máxima, cuando, en lugar de vivir en una dependencia que confía en Dios y con un deseo de Juan 13, una paz y una unidad con los demás inspiradas por el evangelio, somos impulsados por el temor, el orgullo, la ira, el egocentrismo y una notable tolerancia a la división sin causa aparente.

Una de esas señales de advertencia es cuando empezamos a detectar en nuestro corazón lo que la Biblia llama una «raíz de amargura» (Heb. 12:15), cuando notamos que empezamos a sentir una real frustración y enfado con alguien, cuando perdemos la capacidad de relacionarnos con esa persona sin que, digamos, lo aborrezcamos hasta la muerte o al menos sin pensar en ella de una forma no muy amigable.

Ahora bien, la amargura, claro está, no es un testamento brillante de nuestro carácter. El hecho de que nos queme por dentro lentamente no es culpa de nadie, excepto de nosotros mismos. Forma parte del porcentaje de culpa en general por el que tendremos que hacernos responsables, del que tendremos que arrepentirnos. Pero no actuemos como si la amargura no fuera real, como si fuera una emoción de último recurso, como si estuviera más allá de nuestra capacidad cristiana de anidarla. Porque, efectivamente, se puede alojar allí. Si permitimos que siga ardiendo sin hacer nada al respecto, no hacemos más que negar algo que tiene el potencial (según el resto de ese versículo de Hebreos 12) de brotar y causar muchos problemas, «y por ella muchos sean contaminados».

La amargura es un polvorín. Préstale atención. Puede significar que negamos lo que el pecado nos hace; no solo *nuestro* pecado, sino también *el de ellos.*

Un segundo indicador de que evitamos los conflictos de una manera que no es sana es cuando nuestra reacción instintiva ante las dificultades en las relaciones es huir del problema, convirtiéndonos en un «escapador»; tal vez esa palabra no exista, pero creemos que comunica la idea. Lo único que hacen los «escapadores» es alejarse de las situaciones incómodas o tristes en las que fueron heridos, ya sea una iglesia, un empleo, una relación e incluso su matrimonio. Pero para demostrar lo ineficaz que casi siempre resulta esta táctica de negación, nota con cuánta frecuencia se convierte en un patrón repetido, un reflejo, algo que se justifica con mayor facilidad cada vez, con cada nueva oportunidad de optar por ello. Los «escapadores», en un breve lapso de tiempo, van de una iglesia a otra, de un grupo de amigos a otro, de una fuente de discordia a otra, hasta que pasan por todas sus relaciones y *todavía* no encuentran un lugar donde la gente no tenga acceso a incomodarlos o a decepcionarlos.

La razón es que el pecado es la lengua materna en todos los códigos postales. Al momento en que tú te mudas ahí, acaba de llegar un pecador más. Si tú crees que puedes evitar todos los enfrentamientos con los demás quedándote en casa todo el tiempo, buscando el lugar perfecto donde nadie pueda estar nunca en posición de irritarte u ofenderte, estarás persiguiendo el mito por el mundo entero y jamás lo encontrarás. Porque ese lugar no existe.

Solo está en la mente de una persona a quien le gusta evitar los conflictos.

Al otro lado del espectro de las respuestas *esquivas*, claro, están las respuestas *agresivas*, personas que casi salen a buscar algo que los moleste, que son tan quisquillosos con las acciones de los demás que prácticamente no han conocido una motivación de la que no puedan desconfiar. Esos son los abusadores, los chismosos, los que guardan rencor, los que dan golpes con la Biblia. No solo quieren competir con alguien, sino derribar a esa persona. Entonces, mientras la forma más extrema de *evitar* los conflictos podría ser, digamos, el suicidio (apartarse por completo de la capacidad que tiene otra persona de volver a hacerle daño), las formas más extremas de *agresión* serían cosas como la violencia y el abuso, haciendo que la gente pague por lo que le hizo castigándolos de una manera implacable, y no tener la intención nunca de desistir. *¿Me heriste? Eso te va a costar.*

Evasión, agresión: quizás, a medida que fuiste leyendo, pudiste colocarte en algún punto de la escala. Pero hay un pequeño y hermoso lugar bíblico reservado solo para asientos tipo evangelio, un lugar donde te puedes evitar la molestia de andar por ahí en evasión y pasividad o, si tu estilo se parece más al de la represalia, detenerte antes de que tu cara se retuerza otra vez por causa de la venganza y la agresión.

Efesios 4:15 lo llama «hablar la verdad en amor».

Si has sido expuesto al vocabulario cristiano durante algún tiempo, probablemente hayas escuchado esta frase antes. Puedes reconocer el equilibrio ideal que comunican esas cinco palabras positivas, sanas y que suenan a redención. Pero la razón por la que hay tanto evangelio incrustado en este concepto no es solo por la dinámica de hablar la verdad, sino por lo que este versículo identifica como la meta o el resultado de esa empresa audaz y compasiva. El propósito central de «hablar la verdad en amor», dijo Pablo, es que «crezcamos en todos *los aspectos* en aquel que es la cabeza, *es decir*, Cristo».

De manera que cuando llevamos alguna preocupación a la atención de un hermano o hermana, o cuando ellos, con valentía, nos señalan un pecado en nuestra vida, lo más importante al traspasar esos límites no es encontrar una falta, sino más bien un deseo de ayudarnos mutuamente a madurar en nuestra relación con Jesús.

En el último capítulo dijimos que cuando, como creyentes, acudimos a alguien para procurar el perdón de esa persona, el evangelio nos motiva a no quedar atrapados en defendernos a nosotros mismos ni ganar la discusión, sino a preocuparnos principalmente por restaurar la paz: de la manera en que Dios el Padre restauró la paz con nosotros por medio de la sangre de Jesucristo.

Y la misma clase de principio también sigue en vigencia cuando confrontamos a los demás con su pecado: el asunto no es fabricar un caso irrefutable en su contra ni ejercer algún tipo de control espiritual sobre ellos, sino principalmente exhortarlos al gozo y la armonía en su fe. No se trata de estar en lo correcto, de atraparlos «con las manos en la masa» ni de tirarles la red de la justicia alrededor del cuello, sino más bien de un amor proactivo que dice: «No estoy dispuesto a que vivas a merced de las cosas que están ideadas diabólicamente para destruirte». Tal como veremos en un segundo, cuando empezamos a andar de acuerdo con Mateo 18, no tenemos nada más que ganar de conversaciones como estas que el regreso de nuestro hermano o hermana (v.15). Esa es la única ganancia que buscamos.

Por lo tanto, no se trata, claro está, de una jugada *agresiva*; no si intentamos permanecer bíblicos y centrados en el evangelio. Dios en su misericordia lidia con nuestro pecado por las mismas razones:

porque son muchos y porque Él es amor; no para avergonzarnos ni manipularnos, no hay recompensas y castigos ni pruebas decisivas para ganar Su renuente aprobación.

Pero mucho más a menudo de lo que debemos protegernos contra una agresión excesiva, el llamado de la comunión cristiana significa ir más allá de nuestra tentativa natural a la *evasión*, no porque disfrutemos esos altercados ni hacer preguntas difíciles, sino porque sabemos, por dura experiencia, que el pecado engendra pecado. El pecado se multiplica solo. Si dejamos sin desafiar y pedir cuentas a aquellos que amamos, los dejamos mucho más susceptibles a desviarse a lugares que ningún creyente en su sano juicio quisiera ir.

El amor barato es la clase de amor que evita, así como el amor barato también es el amor que golpea, da puñetazos, apalea y acumula. El amor *verdadero*, aunque probablemente te produzca una fuerte acidez estomacal, aunque prefiera que le peguen un golpe en el estómago antes de hacer lo que tiene que hacer, lo hace de todas formas.

Aunque con mucha dificultad, dice la verdad.

Y la dice con amor.

La verdad en las trincheras

Este es un tema difícil, ¿no es cierto? La mayor parte de la gente es sumamente individualista y no agradece la intromisión de otras personas. Individualismo. Restricciones en el vecindario. Soberanía nacional. No queremos que se metan en nuestros asuntos, así como no queremos que nadie trabaje en nuestro patio trasero. Déjanos solos, muévete, atiende tus asuntos y mantén tus manos fuera de nuestra Cajita Feliz.

El Reino de Dios no fue fundado el día de la independencia nacional. Tampoco está construido sobre las espaldas de raperos y tipos empresariales que bailan con su propia música y nunca aceptan un no por respuesta. La iglesia es un organismo unido, cooperador, que comparte. Es una familia, un compuesto de relaciones redentoras. El evangelio que forma su tejido conectivo siempre va a resistir las limitaciones del gran salón y del mantener las distancias. Así como el evangelio nos llama a Dios, también nos llama a los demás.

Puesto que nadie es perfecto en todos los aspectos de la vida cristiana, a pesar de lo que los mensajes de Facebook y las apariciones de los domingos puedan llevar a otros a pensar, no debería sorprendernos cuando surgen incoherencias (en todos nosotros) que nos hacen daño a nosotros, a nuestras familias, a nuestro testimonio y a nuestra misión. Tampoco deberíamos ser ingenuos ni sentirnos amordazados como para creer que no tenemos la obligación de abordar las ofensas de los demás, tanto con el fin de perdonarlos como por el bien de todos los implicados, para no mencionar la gloria de Cristo.

Tú podrías decir que te suena como una postura arrogante que toma la gente. Pues, ese sería el caso si tu meta principal en la vida solo es evitar el hacer olas, si los únicos sentimientos que te preocupan son los tuyos propios o si crees, de alguna manera, que las conversaciones triviales y la amabilidad fingida son preferibles a las relaciones honestas y auténticas. Porque la verdad es que son varias las razones para sacar esas vigas de los ojos de las que habla Mateo 7. Al sacarlas, no solo te ayudas tú directamente con algunas de tus propias áreas obvias de pecado y necesidad, sino que te ayudará a ver «…con claridad para sacar la mota del ojo de tu hermano» (v.5).

Con la unidad del evangelio viene la responsabilidad del evangelio.

Y de ahí nuestra necesidad de Mateo 18.

> Y si tu hermano peca, ve y repréndelo a solas; si te escucha, has ganado a tu hermano. Pero si no *te* escucha, lleva contigo a uno o a dos más, para que toda palabra sea confirmada por boca de dos o tres testigos. Y si rehúsa escucharlos, dilo a la iglesia; y si también rehúsa escuchar a la iglesia, sea para ti como el gentil y el recaudador de impuestos (vv.15-17).

Hay muchísimos libros, muchísimas enseñanzas y series de sermones que tratan esta metodología y progresión del modelo bíblico de resolución de conflictos. El texto de la Escritura sale directamente de la boca de Jesús, por lo cual representa Su instrucción expresa sobre cómo deben manejarse los pecados y las ofensas en las relaciones de la vida de la iglesia.

Pero en lugar de examinar a fondo los pasos y las cuestiones específicas que otras personas ya trataron con amplios detalles en otros lugares (como en el libro titulado *The Peacemaker* que mencionamos en nuestras notas al final), solo queremos compartir brevemente lo que observamos y experimentamos desde nuestros propios asientos en la iglesia en particular donde servimos.

Tú podrías pensar que no podemos usar un término como «hablando de una manera conservadora» para lo que estamos a punto de decir, pero calculamos que la cantidad de estas conversaciones que han ocurrido en nuestra membresía probablemente sean del orden de los cientos de miles. Así es, seis cifras. Montones. De esa enorme cantidad de actividad, toda centrada en la edificante interacción entre el pueblo de Dios (aquí mismo, en un cuerpo local), estimaríamos que más del noventa por ciento de esas confrontaciones nunca necesitaron pasar de la primera taza de café. Por la gracia de Dios, y por la visible montaña de evidencia que hemos visto, podemos decir con una buena dosis de razonable certeza que la mayoría de la gente, cuando se la confronta de una forma humilde y con amor, sin agendas personales ni deseos de venganza, escucha, se arrepiente, confiesa y procura la restauración.

Ellos se darán cuenta de lo que tú quieres decir.

Y querrán cambiar.

Tal vez no de inmediato. El choque de sinceridad puede requerir un poco de tiempo para ser asimilado. Pero antes de que se hieran más sentimientos, antes de que haya que hacer más indagaciones, el camino a la sanidad en las relaciones, por lo general, comienza a tomar forma y a dar cabida a la esperanza en ese mismo momento.

Esto es algo entre la acidez estomacal y la belleza.

Entonces, lo que perturba nuestra alma como hombres que tienen en alta estima al cuerpo de Cristo, es que la promesa de sanidad puede existir con niveles muy altos de probabilidad y, sin embargo, la mayoría de la gente se niega siquiera a acercarse a 100 metros de distancia. Piensa en la cantidad de relaciones hirientes y patrones de pecado dolorosos que avanzan sin resistencia, cuando podrían ser suturados y cosidos de una forma muy eficaz con solo una visita de obediencia bíblica.

¿En realidad puede ser tan fácil? Sí.

¿Siempre es así? Claro que no.

Sin embargo, por cada experiencia larga, interminable y difícil, aquellas que pueden terminar con grandes insultos y despedidas temporales, sino permanentes, hay muchas, muchas más en las que la otra persona agradece tu preocupación y quiere corregir las cosas. Una vez que superas la agonía de ensayar tu discurso e imaginar la respuesta de la otra persona, es muy probable que te vayas a la cama esa noche pensando: *¿Sabes qué? Valió la pena. Creo que hice lo correcto.*

Difícil, pero bueno y aun mejor.

Sin embargo, cuando eso *no* sucede así, cuando uno se va a la cama sintiéndose incluso peor que la noche anterior, la Biblia todavía ofrece (¡gracias a Dios!) una hoja de ruta que sigue empujando a todo el mundo hacia la meta de restaurar la relación entre los hermanos. Tal vez, la cosa se ponga muy enredada antes de que se aclare. Podría ponerse fea y no aclararse nunca. Pero ya que la meta no es solo sacártelo del pecho, sino trabajar por la restauración del corazón de la otra persona, no se puede solo desistir y descartarlo, no hasta que no nos hayan dejado otra opción.

Esto podría sorprenderte y podría sonar muy severo, pero nosotros en nuestra iglesia tomamos esa responsabilidad con mucha seriedad. Somos una comunidad de pacto. Todos hemos prometido delante de Dios y delante de los demás, por escrito, que nos vamos a someter a la enseñanza de la Palabra y al liderazgo de la iglesia. Claro está, lo llevamos a cabo de una manera muy imperfecta. Nos necesitamos unos a otros para rendirnos cuentas y bloquear las rampas de salida cuando sea necesario. Cuando otros lo hacen, nuestra respuesta más sana, incluso si no estamos de acuerdo o queremos discutir, es suponer que es probable que haya algo de verdad en lo que dicen y confiar en que Dios sacará toda impureza a la superficie mientras nos arrodillamos delante de Él y practicamos esto con nuestros hermanos en la fe. Eso no quiere decir que ellos tengan *toda* la razón acerca de nosotros necesariamente, pero somos sabios como para no descartarlo sin revisar nuestro corazón y comprobar si hay alguien más que nos haga la misma observación objetiva.

De manera que sí, es bueno y sano (y debe de esperarse) cuando los demás nos señalan una falta, cuando nos animan a tener más cuidado o incluso cuando expresan haber sido heridos en lo personal por algo que les hicimos o dejamos de hacer. Es una calle de dos vías: ellos a nosotros y nosotros a ellos. Lo que esperamos es que el resultado siempre sea una disculpa o la expresión sincera de gratitud, una reacción genuina de arrepentimiento.

Pero si todo lo que recibimos a cambio de la dolorosa persistencia de nuestro amor es algo así como: «No me importa lo que digas (aun lo que diga la Biblia o lo que digan los ancianos), estás loco, eres un arrogante, quítate de mi vista»; entonces, ponemos la suficiente confianza en la sabiduría de la Escritura como para seguirla hasta el fin del evangelio.

Y los retiramos de la comunión.

Así la iglesia no va a crecer. Oh sí, sí crece. En primer lugar, porque nuestra misión no es llegar a ser tan grandes como podamos. En segundo lugar, tal vez lo más importante, lo peor que podemos hacerle a alguien desde el punto de vista eterno, y con ello a la integridad de la iglesia, es ver cómo rechazan con firmeza el señorío de Cristo al tiempo que juegan a ser cristianos.

Porque no, no lo son.

No están comportándose como creyentes y Jesús parece que nos instruye que tratemos a los que eligen su pecado antes que a su Salvador como a los que no son salvos.

[¡Tremendo!]

Por muy chocante que parezca, no conocemos ninguna otra conclusión bíblica. Ser bautizado en algún lugar cuando eras pequeño y luego no demostrar ninguna transformación de vida, ningún deseo de andar en obediencia a Dios, ninguna aceptación de una autoridad mayor que la autonomía de tu propia voluntad, y aun así esperar que te reciban como a un cristiano. Nunca aplicaríamos esa clase de lógica a ninguna otra esfera de la vida y considerarla normal.

«Soy un bebedor de café empedernido, lo único que detesto es el olor y sobre todo el sabor».

«Amo mucho a mi familia, pero prefiero pasar tiempo con cualquier otra persona antes que con ellos».

«Siempre fui fanático del Real Madrid. Eso es baloncesto, ¿verdad?».

Absurdo.

Entonces, aunque nunca ejerzamos la opción de considerarlos «como [al] gentil y [al] recaudador de impuestos» hasta que alguien «rehúsa escuchar a la iglesia» por al menos un año o más, o hasta que haya algún indicio o progreso hacia el arrepentimiento, a la larga llegamos al lugar donde tenemos que sacar formalmente a esa persona de las filas de la iglesia. Lamentamos, lloramos y oramos por ese proceso y por esas personas. Confiamos en que Dios seguirá obrando en sus vidas, atrayéndolos a la fe. Pero por el bien de su corazón y la protección de la iglesia, tenemos que considerarlos incrédulos.

Y duele, lo mires por donde lo mires.

Pero los lobos no se juntan con las ovejas.

Y la comunión rota nunca debe ser divertida.

Amor redentor

Si tú anidas en tu corazón amargura, resentimiento, falta de perdón, y ya no sabes dónde ponerlos…

Si te estás zambullendo para esquivar a la gente y te esfuerzas por estar donde ellos no están, rechazas el empujoncito del Espíritu Santo que te dice que vayas a hablar con esa persona, pero hablas con cualquiera que esté dispuesto a escucharte tus problemas…

O si tú estás cada vez más seguro de que un amigo o familiar cede ante una conducta perturbadora y nadie parece dispuesto a tomar el toro por los cuernos y hacer la pregunta…

Mientras más lo pospongas, más difícil va a ser. Mientras más difícil sea, menos probable es que lo hagas. Si estás bastante seguro de que nunca te vas a arriesgar a ser el malo de la película, ni siquiera a costa de una relación deteriorada, ni siquiera ante el posible costo de dejar que alguien luche solo con su pecado, entonces tú andas contra la corriente de la redención; estás obstruyendo el camino a la libertad, tanto el tuyo como el de ellos. Te estás conformando con lo que el evangelio hizo por ti, sin que en realidad te importe lo que hizo por los demás.

¿Qué es una pequeña pérdida de sueño si te puede ayudar a ganar a un hermano?

Capítulo 12

Buscadores de placer

Cómo perseverar en la búsqueda del gozo

La palabra *sostenibilidad* suena mucho a Naciones
Unidas, tal vez a algún tipo de Comité Mundial que aboga
por la conservación del suelo o el desarrollo forestal o del agua pota-
ble. Y todo eso suena bien, suena responsable. Siempre y cuando haya
petróleo en algún lugar, todos estamos bien.

No obstante, al meditar en el evangelio, al darnos cuenta que
Dios lo arraiga en personas como nosotros —que no somos para
nada niños modelo de coherencia, disciplina ni cumplimiento a largo
plazo— ¿cómo ponemos todo esto en práctica? ¿Cómo pasamos de
la planificación a la acción? Más allá de designar un equipo de trabajo y bosquejar nuevas configuraciones de estilo de vida y poner la
alarma a las 5:30 de la mañana (para comenzar con el pie derecho),
¿qué razones tenemos para creer que en seis semanas, o seis meses, o
seis años, vamos a notar alguna diferencia?

¿Cómo lo *sustentamos*? ¿Cómo seguimos adelante?

La mayoría de nosotros andamos a las carreras. Y la verdad es que, probablemente, siempre sea así. La idea de que vamos a vivir nuestra vida cristiana dentro de un horario fijo, que vamos a generar cuotas de producción en una línea de ensamblaje, invoca la idea de una expectativa de regla de cálculo que no pasa de la oficina de un ingeniero. Lo único que logra es preocuparnos más porque hoy, antes de acostarnos, tenemos que leer esos cinco o seis capítulos adicionales de la Biblia, los cuales tenemos retrasados en nuestro plan de lectura; en vez de acurrucarnos con nuestros hijos y descubrir qué hay en su corazón.

Entonces, el problema que tiene que arreglar la sostenibilidad no son las altas y bajas, los comienzos y los finales. Todos tendremos unos días que son mejores que otros. Lo que tenemos que sustentar es la acumulación de esos momentos breves, regulares, infundidos de fe que se multiplican solos, que cobran impulso y nos impulsan con firmeza hacia delante, lo que Nietzsche describió (irónicamente, por venir de él) como «una obediencia larga en la misma dirección».

Sin embargo, ¿cómo lo hacemos? ¿Qué es lo que nos mantiene avanzando, incluso *inclinándonos* hacia delante? A la luz de la obra acabada que Dios ya logró por nosotros, ¿cómo convertimos los nombres espirituales de justificación, adopción, santificación, vivificación, mortificación, en algo que se parezca a un verbo? ¿Y luego en otro verbo hasta que llegue a ser un acorde, una canción o una sinfonía?

La respuesta sencilla, digámoslo claro, es el *gozo*.

La *búsqueda* del gozo.

Y en el caso de que eso te suene demasiado esotérico, he aquí la razón por la que no lo es: *porque tú has procurado el gozo toda tu vida.* Todos lo hicimos, es lo único que hemos hecho.

Todo lo que haces en la vida se deriva de un deseo de experimentar gozo, placer, satisfacción, alivio, cosas que provienen de la familia de esa palabra. Somos impulsados por la convicción, basados en apetitos que viven por naturaleza en el corazón humano, de que algunas acciones conducirán a la felicidad. Para eso las personas beben, tienen relaciones sexuales, van al cine, se entretienen con videojuegos, se casan y tienen hijos. Para eso trabajan 60 horas a la semana, van al gimnasio, van a la iglesia. De hecho, lo raro de todo esto es que la gente que fue a la iglesia esta semana solo porque un vecino insistente no dejaba de pedírselo —aunque ellos hubieran preferido quedarse en cama desayunando y leyendo el periódico del domingo— se levantaron de todas formas … ¿por qué? Para procurar el gozo aun *más* deseable de quitarse al vecino de encima.

Gozo. Todos queremos gozo. Todo el mundo. Todo el tiempo.

Ahora bien, nosotros (tanto el pastor como el consejero) no usamos las palabras *siempre* y *todo* sin una intención deliberada y cuidadosa. De manera que cuando tú nos oigas aplicar esta clase de terminología, como ahora, puedes estar seguro de que lo hacemos a propósito, no porque seamos hiperbólicos a la ligera. Después de haber dicho esto, presta atención: *todo* lo que tú haces es una búsqueda de gozo. *Todo. Nada haces* que no esté motivado por ello.

Y ciertamente no somos los primeros en verlo de esa manera. Blas Pascal, el matemático y filósofo del siglo XVII, lo expresó así en sus *Pensées* (que significa «Pensamientos»)…

Todos los hombres procuran la felicidad. Sin excepción. Sean cuales fueren los diferentes medios que empleen, todos tienden a ese fin. La causa por la que algunos van a la guerra, y otros la evitan, es el mismo deseo en ambos, pero con perspectivas distintas. La voluntad no da nunca ni el más mínimo paso que no sea con este objetivo. Esa es la motivación de todas las acciones de todos los hombres, incluso de los que se ahorcan.[4]

Sí, «incluso de los que se ahorcan». Si lo piensas bien, verás que es verdad. Incluso en nuestra desesperación, aunque sabemos con absoluta certeza, por experiencia y observación, que el gozo, el alivio o el escape que estamos buscando no va a durar (ni *puede* durar si nos suicidamos, si es la última vez que lo procuramos en la tierra), aun así, nunca dejamos de tratar de alcanzarlo: el gozo.

Queremos gozo.

Haremos *cualquier cosa* por tenerlo.

Entonces, el evangelio es el lugar para ti. Es todo lo que tú has buscado siempre. Porque lo creas o no, lo aceptes o no, ya sea que te cuadre o no con lo que tú siempre pensaste, la verdad es esta —y es casi lo único de lo que la Biblia habla en última instancia: *el mayor gozo del hombre está en Cristo.*

La vida con Él es mejor que cualquier otra cosa. Conocerlo y estar reconciliados con el Padre por medio de Él es el único lugar donde encontramos el gozo más placentero, duradero e irremplazable que haya conocido la humanidad.

¿Quieres ejemplos? Tenemos ejemplos.

Muchos dicen: ¿Quién nos mostrará el bien? ¡Alza, oh Señor, sobre nosotros la luz de tu rostro! Alegría pusiste en mi corazón, mayor que *la de ellos* cuando abundan su grano y su mosto (Sal. 4:6-7).

En el mundo antiguo, el «grano y el mosto» eran símbolos de riqueza. Tener mucho grano y mosto se consideraba el logro más deseable y más grande de la vida: la buena vida. Sin embargo, después de todos estos siglos, los proyectos de viviendas para personas indigentes y los refugios para desamparados no son los únicos lugares donde ocasionalmente puedes escucha llorar a alguien un sábado por la noche. Los hombres lloran y se derrumban, aun aquellos que están en sus bibliotecas privadas, en vecindarios de lujo o en sus costosos aviones privados. Las mujeres pueden caer en un pozo de tristeza aunque usen un par de pijamas que cuestan más de lo que todos nosotros gastamos en regalos de Navidad.

¿Buscas el gozo en las cosas materiales y los juguetes? Pues... lo sentimos, pero ahí no está. No dura. En algún momento, los ladrillos comienzan a desprenderse. Esa torre de afluencia e influencia no te puede mantener por encima de la fuerza de la gravedad, a menos que la «alegría de tu corazón» venga de alguna otra parte mucho más alta.

David dijo: «En tu presencia hay plenitud de gozo; en tu diestra, deleites para siempre» (Sal. 16:11).

Y hablando de grandes hombres de la historia bíblica que llegaron a esa misma conclusión inevitable, te presentamos a la estrella del Nuevo Testamento (el segundo después del Señor Jesucristo, claro), el apóstol Pablo, cuyos escritos comprenden la mitad de esa obra.

En lo que se refiere a excelencia moral, aplomo y dedicación religiosa, Pablo no era un novato. Era completamente profesional, de primera clase y tenía todos los diplomas en todas las categorías de la vida judía del primer siglo: «Circuncidado el octavo día, del linaje de Israel, de la tribu de Benjamín, hebreo de hebreos; en cuanto a la ley, fariseo; en cuanto al celo, perseguidor de la iglesia; en cuanto a la justicia de la ley, hallado irreprensible» (Fil. 3:5-6).

¡Insuperable!

Sin embargo, a medida que retribuía su gratitud, que daba lo mejor de sí, que acumulaba todas esas cosas buenas como monumento a su buen nombre y reputación, empezó a parecerle cada vez menos una pila de logros sin precedentes, y cada vez más una pila de…

«Basura». Ya le puedes dar las gracias a los oídos sensibles de los traductores de la Biblia por cuidar el lenguaje aquí, pero esa «basura» de la que hablaba Pablo, no creas que se trata de la que ves en los vertederos; piensa más bien en lo que ves detrás de ti en el inodoro. *Ahí van a parar* todas tus buenas obras.

«Basura», dijo. «Lo he estimado como pérdida», dijo, cuando lo comparó con el «incomparable valor de conocer a Cristo Jesús» (vv.7-8).

Si todas nuestras buenas obras, asistencia a la iglesia, participación en el coro, donativos y preparación de comidas no sirven al propósito principal y mayor de enamorarnos más de Cristo, entonces… ya sabes dónde puedes poner todo eso. Perdona nuestra franqueza, pero todas esas cosas lindas no valen mucho en sí mismas.

Sin embargo, para mucha gente, esa es la pista por donde corren, la pista que ellos creen que con toda seguridad, finalmente, los va a llevar al gozo. Pero como todo lo demás en la vida, incluyendo esas cosas que se ven y suenan más pecaminosas y egoístas, no es un camino hacia la profundidad y el gozo, sino una cinta caminadora que acaba con la vida y les roba el gozo. Nunca los lleva a ninguna parte. Porque el gozo infinito solo viene de Cristo.

«El ladrón solo viene para robar y matar y destruir; yo he venido para que tengan vida, y para que *la* tengan *en* abundancia» (Juan 10:10).

El mayor bien

A ti te parece que todo está lleno de pecado. Por mucho que te esfuerces, tu «larga obediencia» nunca parece durar mucho más de una o dos semanas. Si alguien te pudiera acusar alguna vez de ir en «la misma dirección» durante un período constante, probablemente sería hacia abajo. O a ninguna parte. El viejo chiste en la reuniones de Alcohólicos Anónimos (que en realidad no es gracioso) es que mientras todo el mundo está adentro luchando por obtener la victoria sobre sus adicciones, las adicciones están afuera en el estacionamiento haciendo lagartijas y esperándolos a que salgan. Al menos así es como *se siente*.

Entonces, tú te esmeras por confesar todo y arrepentirte de todo. Levantas un muro de contención para que te ayude a resistir el ataque y pueda mantenerte sin caer. Y puesto que esas personas tienen otros trabajos que hacer y no pueden estar velando por ti a cada segundo, te apoderas de una línea defensiva de versículos que sabes de memoria y vuelves a entrar en la zona de cobertura. Parece una buena idea.

Pero ¿por qué la historia no siempre termina bien?

¿Lo has notado? ¿Por qué no se sostiene? Aun con un plan y una estrategia de juego bien definidas, a veces sales al campo de batalla más desprotegido que un soldadito con un rifle frente a un ejército de mil hombres con tanques. La situación te revela: «¿tú y cuántos más?». Totalmente solo ante un bombardeo incesante. ¿Cómo es eso?

Porque somos hedonistas, ¿te acuerdas? Igual que un teléfono celular que busca constantemente buena señal, siempre estamos buscando las cosas que nos dan la más alta posibilidad de ser felices. La tentación, por su propia naturaleza, es un atractivo para nuestro impulso por sentir gozo. Aunque el pecado no puede cumplir sus promesas, a menudo son las dulces promesas lo que queremos oír.

Tomemos como ejemplo la *pereza*. A la velocidad con que la vida nos exige que andemos, los muchos suspiros que damos y las gotas de sudor que nos saca el trabajo son señales para empezar a delirar despiertos con la jubilación, con mudarnos a las montañas, a la playa, con un trabajo y una familia que no pidan ni necesiten mucho de nosotros o con el recuerdo de los años pasados, cuando las cosas parecían mucho más sencillas y siempre había tiempo para relajarse.

¿Podrías encontrar algo de gozo en eso?

Sin embargo, lo sorprendente es que la gente perezosa a veces es la que más se cansa, se queja, se siente insatisfecha y tiene mal genio, porque las promesas respaldadas por el gozo de la pereza, en su raíz, son mentiras que no pueden sostener sus propios argumentos.

Claro, es necesario tomarse periódicamente un tiempo de descanso y recargar las energías; la Escritura incluso nos lo *ordena* (Mandamiento Nº 4) para mantenernos sanos y felices en el Señor. Pero esa teoría de que si de alguna forma pudiéramos saltarnos las obligaciones de hoy, pasar la tarde con nuestros amigos, tirarnos en el sofá con una bolsa grande de papas fritas o dulces y cambiar los canales de TV hasta que se termine el último programa de la noche, y estar seguros de que para las 11:30 nos vamos a sentir fantásticamente bien, casi nunca da resultado.

De hecho, la realidad es que Dios quiere que estemos un poquito cansados (una advertencia de un paradigma destrozado). Pocas cosas son más peligrosas y decepcionantes que un hombre aburrido con demasiado tiempo libre y energía para desperdiciar. Lee los Proverbios. Ve lo que se deriva del arduo trabajo y compáralo con lo que se deriva de correr el riesgo y esperar un golpe de suerte. Escucha el mensaje. No es nada que tú desees.

En realidad es que estamos mucho mejor y más cerca de experimentar momentos en los que de verdad nos vamos a sentir bien, cuando nos agotamos para la gloria de Dios y cumplimos con nuestras tareas diarias: en el trabajo, en la casa, en el ministerio, en donde sea. ¿Qué fue lo que dijo Vince Lombardi en aquel famoso discurso? «Creo firmemente que la mejor hora de todo hombre, su mayor satisfacción en todo lo que más aprecia, es el momento en que ha dado lo mejor de sí por una buena causa y yace exhausto en el campo de batalla... victorioso».[5]

¡Hombre! Vas a dormir bien esa noche.

Agotado de satisfacción.

Porque hay más gozo en un trabajo bien hecho que en un trabajo pospuesto. Así es.

El placer que se procura en la pereza es una mentira. Lo mismo sucede con la *lascivia*. La lascivia promete refrescar el alma, alterar el estado de ánimo y ser un acceso permanente al gozo. ¿En serio? ¿No sería fenomenal irse a la cama por la noche después de traicionar a tu cónyuge? ¿No sería fabuloso abusar de los sentimientos debilitados de otra persona? ¿No te encanta sentir el temor de que la mujer que acaba de pasar por tu lado descubra que tú te la comías con los ojos? ¿No te sientes totalmente vigorizado y listo para el día siguiente, después de desplazarte por otra página de fotografías pornográficas antes de apagar la computadora en la noche?

No. Tú te sientes sucio, avergonzado, mezquino, horrible, incluso enojado.

¿Gozoso? No, eso solo fue por aquellos quince, veinte o treinta minutos. Y más vale que hayan sido buenos, tan buenos como para compensar lo mal que te sientes ahora.

Y sin embargo, nunca es bueno.

¿Y qué me dices de *la ira*? Enójate lo suficiente, expresa tu opinión en voz alta, comunica tu disgusto con suficiente violencia y todo el mundo va a hacer las cosas a tu manera, ¿verdad? Te retirarás sintiendo el placer de la justicia, de haber ganado la discusión, de lograr que tu cónyuge haga lo que tú quieres, por fin. ¿No es cierto?

¡Ja!

Lo que vas a recibir a cambio, en realidad, son relaciones reducidas a escombros que todavía vibran a causa de los temblores de tu rabia y tu conducta irracional. No justicia. Y no gozo.

¿Quieres gozo? Entonces trabaja como burro y mira hacia atrás y regocíjate en lo que Dios hizo a través de tu estilo de vida responsable y diligente. *¿Quieres gozo?* Entonces invierte cada milésima de tus intereses románticos en aquella persona que sostendrá en sus manos todos tus recuerdos cuando tengas 75 u 80 años y quien todavía va a querer tomarse de *tu* mano cuando salgan como pareja. *¿Quieres gozo?* Entonces espera que el Espíritu de Dios trabaje en tus diferentes conflictos y contiendas, trabajando al mismo tiempo también en unas cuantas cosas que hay *en ti* que están ocasionando esos mismos problemas —haciéndolo de la manera que solo Él lo puede hacer, lo cual es muchísimo mejor que cualquier cosa que tú puedas lograr si irrumpes con tu propia fuerza y tus propios planes.

Por ende, en lugar de usar la Palabra de Dios solo como un arma para tratar de repeler lo malo que hay en ti, intenta usarla como una puerta que te lleve al gozo, el *mayor* gozo de las promesas de Dios. Porque si lo que buscas es gozo, ¿por qué no buscarlo en el único lugar donde lo puedes encontrar? Como por ejemplo…

Encomienda tus obras al Señor, y tus propósitos se afianzarán (Prov. 16:3).

Bienaventurados los de limpio corazón, pues ellos verán a Dios (Mat. 5:8).

Pon tu delicia en el Señor, y Él te dará las peticiones de tu corazón (Sal. 37:4).

¡Cuán preciosa es, oh Dios, tu misericordia! Por eso los hijos de los hombres se refugian a la sombra de tus alas. Se sacian de la abundancia de tu casa, y les das a beber del río de tus delicias. Porque en ti está la fuente de la vida; en tu luz vemos la luz (Sal. 36:7-9).

¿Quieres gozo? Entonces, «buscad las cosas de arriba, donde está Cristo sentado a la diestra de Dios. Poned la mira en las cosas de arriba, no en las de la tierra. Porque habéis muerto, y vuestra vida está escondida con Cristo en Dios. Cuando Cristo, nuestra vida, sea manifestado, entonces vosotros también seréis manifestados con Él en gloria» (Col. 3:1-4).

Eso es ponerse a la ofensiva, dejar que el gozo eche fuera a los impostores.

Claro que hay muchos recordatorios buenos y defensivos en la Escritura, cosas como hacer un «pacto» con los ojos para no mirar con lascivia a otra persona (Job 31:1); no dejar que «se ponga el sol sobre tu enojo» (Ef. 4:26); prestar mucha atención al consejo sabio antes de encontrarse uno «a punto de completa ruina en medio de la asamblea y la congregación» (Prov. 5:14). *¿No necesitamos esos* *recordatorios?* Sí. Nos dicen la verdad sobre la maldad que hay en nuestro corazón. Revelan con exactitud quiénes somos, si no hubiera sido por la misericordia redentora de Cristo. Y por esa realidad, nuestra batalla siempre va a incluir decir no a cosas que son perjudiciales para nosotros y nos causan dolor.

Sin embargo, nunca será una batalla *victoriosa*, con un triunfo *sostenible*, si esa es la única manera o la manera principal en que intentamos pelearla: el método anti-gozo, el método de la sonrisa y el aguante, el método de soportarlo todo, el método de tener carencias y aprender a disfrutarlo.

Porque en realidad, no tenemos que carecer *de nada*.

Nuestras decisiones diarias de no participar en el pecado son esfuerzos vanos, si nos convencemos de que esos viejos amigos nuestros están ahí sentados con nuestras últimas y mejores probabilidades de gozo. Sin embargo, una vez que nos damos cuenta de que no tienen *ningún* poder sobre nosotros ni sobre el contentamiento genuino que fluye de andar con Jesús —un contentamiento que es pleno en el momento y aun así nos atrae constantemente para obtener más—, esas promesas vacías comienzan a saber cada vez más insulsas.

Que el mundo persiga lo que quiera, que crea que a la larga hay gozo y placer esperando debajo de esa guillotina con esa mujer atractiva, medio desnuda, que está al lado pidiéndote que pongas la cabeza *a-q-u-í* mismo, sobre ese suave regazo. Poniendo montones de dinero encima. Estacionando un auto nuevo detrás. Colocando algunos contactos de negocios importantes a su alrededor o cualquier otra cosa que a menudo parezca ser lo mejor de lo mejor si tan solo pudieras tenerla.

Y deja que la gente se mate por conseguirlo.

Porque cuando todos esos encantos se hayan ido y sus víctimas miren hacia atrás y vean una vida desperdiciada en busca de carnadas de gozo con todas sus fuerzas, lo único que quedará será sangre y horror y otro testimonio trágico para contar a sus hijos y nietos, de los «miles» y «diez miles» que han caído en el mismo y triste destino (Sal. 91:7).

Pero ¿sabes qué? Esas versiones baratas de gozo no tienen ni por qué estar «cerca tuyo» otra vez, como dice ese versículo del Salmo 91 —porque tú has hallado el único gozo en la vida— el gozo que viene de estar en casa con Cristo.

Cazadores de tesoros

Una vez, Él contó una parábola breve, de un párrafo (Mat. 13:44), sobre un hombre que había encontrado un tesoro oculto en un campo. No sé lo que buscaba el hombre, no sé cuál era el sueño que perseguía ni lo que había descubierto hasta ese momento. Pero cuando su pala chocó con lo que fuera que contenía el secreto de su indescriptible tesoro, lo volvió a tapar; de inmediato tomó medidas para liquidar sus bienes y usó el dinero que se ganó de la venta para comprar el campo completo con el fin de poseer el tesoro.

Para experimentar el máximo gozo.

Un reino invisible ocupa los mismos espacios en los que interactuamos con la vida diaria. Está enterrado, está en el aire. Desafía las estructuras de la física y la química. Como personas a quienes Dios ha atraído hacia la verdad y las promesas del evangelio, hemos recibido por medio de Cristo la visión para reconocer ese reino cuando lo vemos, así como las herramientas para desenterrarlo y abrirlo.

Recibimos el Espíritu Santo para que reavive nuestros corazones muertos, para que convierta nuestras limitaciones deslumbrantes y gravitacionales en oportunidad para visitar lugares celestiales. Eso es el gozo.

Recibimos Su Palabra santa, que nos revela más verdades acerca de nosotros de lo que jamás nos imaginaríamos, cosas que *nosotros* no sabíamos y, al mismo tiempo, rodea nuestro quebrantamiento con Su conocimiento y cuidado personal, con Su presencia y amor suficientes. Con gozo.

Recibimos una plataforma para comunicarnos con Él, no por medio de capas de burocracia y citas de quince minutos por las que hay que esperar al menos seis meses, sino más bien con la libertad de conversar con Él de manera instantánea, tan pronto como lo pensamos. Es otra razón para estar gozosos.

Todas las disciplinas espirituales y los medios de la gracia que nos permiten vivir en este reino, con acceso a Dios el Padre en cualquier momento, fueron abierta para nosotros, para que entremos y experimentemos quién es en realidad nuestro Creador, para adorarlo con todo el corazón, y conocer una vida que trasciende los logros y disfrutes más eufóricos del potencial humano.

Si la tragedia más grande del Edén fue la pérdida de la comunión íntima con el Hacedor de nuestra alma, el mayor gozo de la vida en Su reino es la restauración de esa intimidad que perdimos.

Y ¿por qué debemos esperar que otra cosa rivalice con ese placer? ¿Por qué otro pretendiente podría parecer un competidor digno? ¿Por qué una persona hecha para el hedonismo desde la creación del mundo, como lo somos nosotros, no querría ser el buscador de placer más descarado, más impávido, más desinhibido que pueda ser? ¿Por qué ser «criaturas poco entusiastas»?, como escribió C. S. Lewis en *El peso de la gloria*: «Nos divertimos con la bebida, el sexo y la ambición e ignoramos el goce infinito que se nos ofrece, como niños ignorantes empeñados en seguir haciendo pasteles de barro en un lodazal por su incapacidad para imaginar lo que significa el ofrecimiento de pasar un día de fiesta en el mar. Somos muy fáciles de contentar».[6]

¡Ojalá que nunca se diga eso de nosotros! Seamos la clase de personas que, cuando encontremos el tesoro, regresemos a la casa y tomemos de las habitaciones y las paredes, los armarios y los zócalos toda pertenencia innecesaria y de menor valor y liquidemos absolutamente todo con el fin de adquirir el tesoro que Él nos ha mostrado en el reino que nos tiene preparado.

No tienes que reprimir el deseo hedonista que te lleva al pecado y al egoísmo; solo tienes que redirigirlo hacia lugares donde ese deseo pueda finalmente dar en el clavo.

Y cuando eso suceda, tú querrás quedarte ahí durante mucho, mucho tiempo.

La grandeza de Su Nombre

 Entonces, esa es nuestra versión de la cubierta del evangelio.

Comenzó entre las glorias, la libertad y la plenitud del Edén, en completa unidad de corazón y mente con nuestro Creador. Luego, nuestra conexión con Él se salió de las bisagras por culpa de la escurridiza intrusión del pecado en el hábitat humano.

Y nos hizo más daño del que nosotros podíamos arreglar por nosotros mismos. No había una escalera de mano lo suficientemente alta, ni una pared contra la cual se pudiera sostener. Estábamos muertos y éramos inútiles por completo, estábamos condenados a la muerte.

Excepto…

Que el Creador se negó a abandonar a Su creación. Y aunque hubiéramos preferido arreglar el problema nosotros mismos, sin Su ayuda, sin admitir nuestra incapacidad, Él nos buscó en nuestra necedad. Y por medio de la oferta justa, pero sacrificial, de Su Hijo impecable y Santo, redimió a Su pueblo caído para Sí por medio del placer sabio y amoroso de Su eterna voluntad.

Para nuestra culpa establecida: *la justificación*.

Y para nuestra vergüenza debilitante: *la adopción*.

Recibimos inocencia. Somos perdonados.

Somos hechos hijos Suyos, en los cuales Él se deleita.

Sin temor ni ansiedad. Simplemente paz y prosperidad.

Y gracias a estos dones indescriptibles, consumados por la entrada del Espíritu Santo en nuestra vida, ahora estamos equipados con Su poder que mora en nosotros para santificar nuestros caprichos y deseos todavía rebeldes, hasta que crezcamos cada vez más en la imagen de nuestro Salvador Jesucristo.

Nuestra separación de Dios se ha terminado.

Para siempre.

Somos Suyos.

Somos salvos.

Sin embargo, a medida que Él continúa Sus esfuerzos de recuperación de estos obstinados rincones de resistencia que todavía existen en nuestro corazón, nos invita a iniciar, al mismo tiempo, la restauración de las relaciones que han sido desgarradas y perjudicadas por una combinación de la Caída con el desencadenamiento de nuestros propios pecados deliberados. Nuestra reconexión con Dios, tan incuestionablemente firme y segura, significa que ahora podemos acercarnos a los demás sin necesitar la aceptación y aprobación que ya hemos recibido del Señor, sino más bien con la libertad de derramar en nuestra vida el perdón y la paz de Cristo.

Y a pesar de que despertamos cada mañana en un planeta fracturado, y aunque las piezas de nuestro quebrantamiento todavía se descascaran cada día, hemos encontrado en Cristo un gozo mayor que todos los demás y estamos preparados por Su gracia infinita para perseverar hasta el mismo fin… hasta que nuestra fe se convierta en vista, hasta que lo veamos cara a cara. Hasta que seamos transformados por completo. ¡Alabado sea Dios!

Así, con esta historia como prólogo, con estas promesas en vigor, somos liberados de la obsesión de la humanidad con el yo y la protección y el reconocimiento de la marca. Podemos salir de la cama mañana con la única ambición de engrandecer Su nombre. En lugar de desviarnos con nuestros diferentes intentos de redención, en vez de empantanarnos en la culpa y la vergüenza, en el temor y la ansiedad, la vida cotidiana se convierte, sencillamente, en una oportunidad constante de adoración. No en un concierto improvisado extraño y artificial. Más bien, dejamos que toda acción, todo disfrute, cada detalle en el trabajo y cada experiencia en las relaciones, incluso las cosas difíciles y desafiantes, se conviertan en acciones de gracias hacia Él por todo lo que hizo por nosotros y por la canción que todo el tiempo nos está enseñando a cantar.

Es por eso que Jesús nos declaró como la «luz del mundo… una ciudad situada sobre un monte» (Mat. 5:14), porque solo un gran malentendido o la disminución del evangelio nos haría querer mantener Su gloria «oculta» dentro de nosotros, tener la llama de Su presencia ardiendo dentro de nosotros y al mismo tiempo y con temor «[ponerla] debajo de un almud» (v.15). Si fuera solo por nosotros y la fuerza de nuestra voluntad, solo podríamos mostrar el alcance restringido de las posibilidades de un hombre o una mujer. Pero cuando estamos respaldados por la obra redentora del Dios Todopoderoso, todo el poder de la resurrección de Cristo está disponible para exhibirlo por medio de nosotros.

Y seríamos necios si no quisiéramos hacerlo.

La redención que se ha recibido, pero no se ha recuperado, puede dar como resultado diferentes tipos de disfunciones:

Anemia espiritual es cuando limitamos la sabiduría, misericordia y servicio que podemos derramar en los demás porque no hemos estado ingiriendo una amplia cantidad de nutrientes para nosotros mismos de la Palabra, de la comunión con otros creyentes, del tiempo que pasamos amando, adorando y estimulando nuestros afectos por Jesucristo.

Bulimia espiritual es cuando nos hemos colocado en lugares para escuchar la Palabra y ser llenados de la presencia del Señor y, aun así, no la digerimos, no la saboreamos, no somos transformados por ella. Tan pronto regresamos a nuestros cómodos lugares, lejos del pueblo de Dios, lo vomitamos todo y nos atiborramos de otra cosa.

Obesidad espiritual es cuando nos encanta acercarnos a la mesa, nos encanta el sabor de la comida cristiana, nos encanta comer y comer y comer más y, sin embargo, terminamos estreñidos, porque nunca convertimos esa comida en masa muscular ni acción física. Es como inflar un globo hasta que se nos pone la cara roja y se nos salen los ojos y a la larga… el globo explota.

Puede suceder.

Si tú sufriste alguno de estos problemas, *sabes* que son posibles. Y sabes lo mal que te pueden hacer sentir.

De manera que a medida que comiences a procesar las enormes implicaciones de tan grande salvación, te invitamos a que salgas de la disfunción y vayas a una misión con el Señor resucitado; no necesariamente a África ni a Mongolia, pero tampoco dentro de los límites artificiales de una mentalidad espiritual resignada, rendida, con aversión al cambio, donde tú te acordonaste lejos de lo que consideras los bordes peligrosos de la población general. Es hora ya de creer lo suficiente en el poder del evangelio como para lanzarte en cualquier situación a la que Dios te guíe, confiado en que Él puede usarte para lograr algunas cosas eternas con Él, no porque *tú estés* ahí, sino porque *Él está* ahí. *En* ti.

Algo que debemos entender con claridad para este momento es que los cristianos son tan defectuosos e imperfectos por naturaleza como todo el que va a pasar por tu calle hoy. La gracia de Dios es el único factor que intervino y cambió algo de eso. Entonces, todo sentido de superioridad que se te haya podido subir a la cabeza, puedes estar seguro de que viene de ti, no de lo que te dice el evangelio o la Palabra de Dios. Por ende, cuando tú edificas muros alrededor de tu casa y alrededor de tu familia para impedir que el mundo entre, para asegurarte de mantenerte más puro de lo que realmente eres, el monstruo que estás encerrando no es mejor que el monstruo que dejas afuera. Claro está, en este caso tenemos que aplicar la sabiduría, sobre todo con nuestros hijos. No podemos ser negligentes con ellos y meterlos en situaciones que no son apropiadas para su edad. Pero a veces tenemos tanto miedo de que nos podamos contagiar con el virus del pecado, que rehusamos mirar de frente las necesidades de la gente y evitamos darnos cuenta de que su mal no es peor que el nuestro, al menos, no es peor de lo que *era* el nuestro, ni tampoco es peor de lo que *todavía* sería si la gracia de Dios no nos hubiera cubierto.

La restauración de nuestra redención significa que tenemos que asegurarnos ahora mismo de que la puerta de la casa, y lo que es más importante, la puerta del frente y de atrás del corazón, todavía funcionan y pueden abrirse por completo. Y así es como tienen que permanecer: totalmente abiertas.

El vecino tiene que saber que a ti te ha pasado algo importante, que es la causa por la que tu auto no está en la entrada de tu casa el domingo por la mañana. Tiene que estar tan confundido por la solicitud, delicadeza, apertura y credibilidad genuinas que tú demuestras de manera constante, que no sabe cómo explicarlas. Tus compañeros de trabajo, ese trabajo donde Dios ha colocado de manera divina tu cuerpo y tus habilidades, no deben tener que preguntarse si tú tienes un profundo interés en ellos, no solo por la compasión y la solicitud que les demuestras, sino por la integridad, el honor y la diligencia que refleja la naturaleza de Aquel que en realidad firma tu cheque de nómina.

Sin embargo, aunque no debes pasar por alto la naturaleza personal e individual que marca la diferencia de este evangelio en tu vida, asegúrate de no restringir el cambio que provoca en ti para mostrar amabilidad a los demás. Como personas que hemos sido rescatadas de nuestro propio sentido realista de inutilidad, desesperación y pobreza, esa misma puerta abierta debe extenderse más allá de los límites de la comodidad cercana e incluir un corazón que se preocupe por los que han sido descuidados, subestimados y privados de sus derechos.

No hay una guía que te diga con exactitud cuáles son esas necesidades ni lo que implican. Sencillamente hay una comisión: «Id, pues, y haced discípulos de todas las naciones, bautizándolos en el nombre del Padre y del Hijo y del Espíritu Santo, enseñándoles a guardar todo lo que os he mandado…» (Mat. 28:19-20). Dios es lo suficientemente fiel como para poner este desafío en movimiento y dirigirte hacia los lugares donde tú puedas transmitir, de manera singular, la luz del evangelio.

Al mismo tiempo queremos pedirte que no intentes hacer algo pensando que Dios no va a estar orgulloso de ti hasta que lo hayas hecho. Ni tampoco te sientas presionado a darle seguimiento con el fin de demostrar algo a otras personas, para participar en ministerios medibles. Si recibes este desafío como una culpa o una carga, no nos has comprendido.

La adoración motivada por el evangelio conduce a ministerios y misiones facultados por el evangelio. Estar centrado y saturado del evangelio conduce a una sumisión llena de gozo hacia todo lo que Él nos llama a hacer, basada en todo lo que hemos recibido. Engrandecer Su nombre quiere decir vivir en libertad dentro de Su provisión basada en la gracia, no tratar de obtener algo que Él ya te ha dado.

De manera que sean cuales fueren las actividades y los intereses que llenan las 120 horas de la semana en las que no duermes, aparte de las otras 50 o 60, ahora se pueden adjuntar de alguna manera al evangelio que recibiste. *Todas* esas horas.

Invertir en tu matrimonio.

Vivir en comunión con otros creyentes.

Jugar con tus hijos en el patio.

Ver tu trabajo como una ofrenda diaria de acción de gracias.

Detenerte a escuchar, incluso si te quita tiempo de otra cosa que tienes que hacer.

Orar entre una y otra cita.

Dar gracias a Dios por cada bendición… y por esa… y por esa otra…

Amarlo, simplemente amarlo. Y disfrutar ser amado, dejando que su luz brille, despejando la oscuridad, no solo *siendo* redimido, sino *viviendo* como redimido, transformado.

Reconocimientos

De Matt:

Este es mi cuarto proyecto y aprendí que escribir un libro es, en gran medida, un esfuerzo de equipo. Quiero agradecer a los ancianos de The Village Church por darme tiempo para estudiar, prepararme y escribir. Servir junto a ustedes en la Gran Causa es uno de los dones que Dios me ha dado con generosidad. A los miembros del personal de The Village que trabajaron tras bastidores para que este proyecto fuera una realidad, les doy las gracias por su ministerio incansable y centrado en el evangelio, tanto para conmigo como para con la iglesia. Michael Snetzer, tu capacidad y disposición para aconsejar a la gente con la Palabra de Dios es algo que manifiesta convicción y es alentador al mismo tiempo. Nunca me olvidaré de aquella vez que nos sentamos en El Chico y soñamos con la manera de ayudar a los más quebrantados entre nosotros. Lawrence Kimbrough fue un verdadero regalo para nosotros, pues tomó nuestras lluvias de ideas, escritos, manuscritos y bosquejos de enseñanza y creó algo legible y útil. Nadie podría tener este proyecto en las manos si no fuera por tu arduo trabajo —¡gracias!—. Por último, deseo agradecer a mi esposa, Lauren. Nadie como tú lleva la peor parte cuando tengo un proyecto como este en mente. Gracias por ser una caja de resonancia, por tu aliento y por ser la editora general de todo en mi vida. ¡Te amo!

De Michael:

Doy gracias a la colaboración del Artista original del cual procede esta canción. Tú eres el más grandioso Compositor de canciones que el mundo jamás haya conocido y las profundidades de Tu genialidad creativa son insuperables. Mi agradecimiento a B&H Publishing por ser nuestro aliado en este proyecto. En particular, quiero dar las gracias a Lawrence Kimbrough. Lawrence, eres un regalo extraordinario y me siento agradecido por poder llamarte amigo. Gracias por tu arduo trabajo para que este libro fuera una realidad. También quiero reconocer a John Henderson quien, entre tantas otras bendiciones en mi vida, sugirió el título de esta obra.

Doy gracias por todos los pastores (el menor de los cuales no es, para nada, Matt), maestros, mentores, supervisores y consejeros que influyeron en mí y me capacitaron en el evangelio y su aplicación. Quiero reconocer a todos los que han ido delante de mí y dieron su vida para que yo pudiera conocer a Cristo y el poder de Su resurrección. Doy gracias de una manera especial a mis colaboradores en Cristo, sobre todo en The Village Church, sin los cuales (por medio del poder del Espíritu Santo) no hubiera visto la multiforme sabiduría de Dios exhibida entre nosotros de maneras tan potentes. Por último, tengo que reconocer y dar las gracias a mi hermosa esposa Sonia y todo lo que ella sacrifica para que yo pueda hacer este trabajo. Sonia, gracias por tu fidelidad y tu amor tenaz por nuestros hijos.

Notas

1. Hemos tomado prestado y adaptado la siguiente estructura de Thomas Watson, un puritano del siglo XVII cuya obra, *Doctrine of Repentance* [La doctrina del arrepentimiento], hace tan buen trabajo como para representar lo que es la "tristeza piadosa». Le hubiéramos pedido permiso, pero nos pareció que no le importaría. En realidad, creo que se quedaría *pasmado* si supiera que su panfletito de los años 1600 es hoy día de dominio público en todo el mundo conectado por la Web. Esperamos que lo busques. Es una buena lectura.

2. Puedes encontrar una explicación más extensa de este concepto de Ezequiel 14 en el libro de Paul David Tripp titulado *Instruments in the Redeemer's Hands* [Instrumentos en las manos del Redentor], (Phillipsburg, NJ: P&R Publishing, 2002).

3. Algunos de los conceptos que presentamos en este capítulo están inspirados en el libro de Ken Sande titulado *The Peacemaker* [El pacificador] (Grand Rapids, MI: Baker Books, 2004). Todo cuanto digamos para elogiar este libro es poco. Búscalo y léelo. En el año 2000 se publicó una edición en español.

4. La cita de Pascal es de su obra *Pensées*, véase http://www.ccel.org/ccel/pascal/pensees.pdf.

5. "What It Takes to Be Number One" [Lo que se requiere para ser el número 1], http://www.vincelombardi.com/number-one.html.

6. C. S. Lewis, *The Weight of Glory* [El peso de la gloria] (New York: MacMillan, 1980).

Pensamientos

COALICIÓN POR EL EVANGELIO es una hermandad de iglesias y pastores comprometidos con promover el evangelio y las doctrinas de la gracia en el mundo hispanohablante, enfocar nuestra fe en la persona de Jesucristo, y reformar nuestras prácticas conforme a las Escrituras. Logramos estos propósitos a través de diversas iniciativas, incluyendo eventos y publicaciones. La mayor parte de nuestro contenido es publicado en www.coalicionporelevangelio.org, pero a la vez nos unimos a los esfuerzos de casas editoriales para producir y colaborar en una línea de libros que representen estos ideales. Cuando un libro lleva el logo de Coalición, usted puede confiar en que fue escrito, editado y publicado con el firme propósito de exaltar la verdad de Dios y el evangelio de Jesucristo.

TGC | COALICIÓN